Eberhard Apffelstaedt

Matti braucht Hilfe

Eberhard Apffelstaedt

Matti braucht Hilfe

Schulbau-Renovierung in Finnland

Heiner Labonde Verlag

ISBN 978-3-910604-03-2

Gestaltung: Antje Zerressen
Printed in Germany

Inhalt

00 Matti und sein Deutsch: der »doppelte Diminutiv«. Ein Vorwort.

Liebe Leserinnen und Leser,
liebe Freundinnen und Freunde von Matti,

das vorliegende Buch erzählt vom Geschehen um die Renovierung eines alten Schulareals mit den zugehörigen Gebäuden in Mittelfinnland, das Matti in einem Anfall von geistiger Umnachtung käuflich erworben hat – sehr zur Freude seiner lieben Gattin Päivi. Für einige Tage kommen nicht nur finnische Helfer dorthin, sondern auch eine ganze Meute Deutscher, die Matti eingeladen hat, um ihm bei den Aufräum- und Bauarbeiten zur Seite zu stehen. Es lässt sich erahnen, dass dabei kuriose, ausgefallene, teilweise bizarre Situationen nicht ausbleiben.

In diesen Zusammenhang gehört die folgende Information: Es gibt inzwischen die spannende Entwicklung, dass Wissenschaftlerinnen und Wissenschaftler unterschiedlicher Forschungsrichtungen sich mit den Mattischen Skurrilitäten akademisch-methodisch befassen.

Dazu gehören Sprachspezialisten wie beispielsweise Frau Prof. Dr. Gundula Gugenbott, Universität Lüneburg, oder Dr. Dr. mult. Joep Oejekoj, Hochschule für angewandte Sprachunwissenheit in Utrecht, Niederlande. Beide bemühen sich, das sehr spezielle Matti-Deutsch aufzuschlüsseln und es im Hinblick auf grammatikalische Gesetzmäßigkeiten und linguistische Wurzeln zu untersuchen. Dabei kooperieren sie eng mit der Ruhr-Universität Bochum und dem dortigen Forschungsprojekt ›Kultur, Individuum und Gesellschaft‹ von Prof. Dr. Klaus Kleinmann, der Mattis Gebrauch von zoologischen Personen-Benennungen und diese speziell im Diminutiv (also Verkleinerungsformen wie ›Hühnchen‹, ›Waschbärchen‹ ...) analysiert hat. Leider ist sein Werk ›Das Phänomen des einfachen und doppelten Diminutivs im Sprachgebrauch einer mittelfinnischen Sprachkanone‹ derzeit vergriffen.

Namhafte Verhaltenswissenschaftler, unter anderen Prof. Jerry E. Frogeye von der New York State University und William Gugelhupper von der Yale-University, New Haven, Connecticut, erforschen mögliche Übereinstimmungen zwischen bestimmten Reaktionen von Matti und historisch belegten Verhaltensweisen, Sitten und Gebräuchen der Ostjaken, einem ugrisch-finnischen Volksstamm in Sibirien.

Und am Institut für Ethnologie, Humanbiologie und Kommunikation der Universität Zürich, Schwitzerland, versucht Dr. Urs Sudorli-Schweisli mittels diverser Versuchsreihen mit insbesondere finnischen Testpersonen etwaige Zusammenhänge zwischen Transpiration und Information *über*, insbesondere aber zwischen Transpiration und realem Erleben *von* Mattis Umgangsformen zu klären.

Alle diese Forschungen stehen miteinander im Zusammenhang und werden von der Unesco im Rahmen des internationalen Übereinkommens zum Schutz und zur Förderung der Vielfalt kultureller Ausdrucksformen unterstützt. In regelmäßigen Abständen werden die Untersuchungsergebnisse bei entsprechenden Symposien vorgestellt und diskutiert. Das ganze Projekt läuft unter dem wissenschaftlichen Oberbegriff: ›Das Matti-Prinzip‹, auf das auch das aktuelle Werk Bezug nimmt.

Ich wünsche Ihnen viel Spaß beim Lesen dieses Buches.

Eberhard Apffelstaedt

01 Ein Brief aus Finnland und: »Was bedeutet *»No niin«*?

Der Brief hatte eine ziemliche Dicke, die Anschrift war offensichtlich auffallend rasch handschriftlich hingekritzelt, die rückseitige Adresse des Absenders bestand aus zwei Wörtern, beide in Großbuchstaben: ›MATTI – FINNLAND‹.

Ich war nicht im Geringsten verwundert. Schließlich bin ich mit Matti seit etlichen Jahren befreundet ... Mein guter finnischer Freund hatte auch in der Vergangenheit die Meinung vertreten, diese kurzen Angaben reichten vollständig aus, ihn erforderlichenfalls in Finnland ausfindig zu machen.

Einmal, vor zwei oder drei Jahren, hatte ich die Unverfrorenheit besessen, ihn darauf anzusprechen, ob es nicht sinnvoller sein könne, seine ausführliche Adresse als Absender anzugeben. Damals warf er mir einen Blick zu, den ich bis heute nicht vergessen habe: Ungläubiges Erstaunen, der Verdacht, ich sei geistig umnachtet und vorwurfvolle, naserümpfende Überlegenheit spiegelten sich darin. Und selbstverständlich kam postwendend die für Matti typische Bemerkung: »Bist du kleines verrücktes Hühnchen, weißt du nix!«

An dieser Stelle muss ich erwähnen: Als quasi ungläubiger Thomas beschloss ich damals, einen Test durchzuführen. Ich schnappte mir ein Stück weißen Karton von der Größe einer Postkarte und malte mit großer Andacht ein Hühnchen darauf, das, wie ich fand, souverän lächelte. Anschließend schrieb ich darunter »Gruß von einem Unbekannten« und zeigte es, rein prophylaktisch, meiner lieben finnischen Ehefrau. Die betrachtete das Gemälde mit hochgezogenen Augenbrauen, setzte ihre Brille auf, meinte, dies sei ein etwas misslungener Dackel und schüttelte bei meiner geduldigen Erläuterung, es handele sich um ein kleines Huhn, zweifelnd ihr Haupt.

Aber so leicht bin ich nicht zu erschüttern: Ich schob mein Kunstwerk dennoch in einen passenden Umschlag, verschloss ihn ordnungsgemäß, schrieb als Adresse ›MATTI – FINNLAND‹ darauf, frankierte das Ganze postgerecht und deponierte das Schreiben im nächsten Briefkasten. Was würde passieren?

Die nächsten Tage, Wochen, ja Monate schlief ich unruhig und litt wiederholt unter gruseligen Albträumen, in denen es von finnischen Postbeamten wimmelte, die verzweifelt durch die Lande streiften, auf der Suche nach Matti. Denn: Ich erhielt keinerlei Nachricht über den postalischen Verlauf meiner Sendung. Weder kam mein Brief als unzustellbar zurück, noch meldete mein bester finnischer Freund mir dessen Erhalt. Offensichtlich war mein Schreiben verlustig gegangen.

Jedoch, welche Überraschung: Es mag erschwindelt erscheinen oder erdichtet, aber es führt nichts an der Tatsache vorbei, dass ich beim nächsten Finnlandbesuch, etwa ein halbes Jahr später, auf dem Kaminsims in Päivis und Mattis Sommerhaus mein Hühnchen/Dackel-Werk vorfand, an ein leeres Schnapsglas gelehnt. Seitdem ist meine Achtung vor der und für die finnische *posti* ins Riesenhafte gestiegen.

Nun also hielt ich den eingangs erwähnten voluminösen Umschlag in Händen. Was mochte er enthalten?

Während ich, geschult durch die strenge Anleitung meiner lieben Lebensgefährtin, den Umschlag sorgfältig mittels Brieföffner (»Nicht mit dem Finger!«) aufschlitzte, überlegte ich: Als Matti das letzte Mal geschrieben hatte, drehte sich alles darum, dass Päivi ihm reduzierte Kost verordnet hatte, wegen ›leichter Gewichtszunahme von 50 oder 60 Gramm‹, wie er es formulierte. Er müsse diese Tortur derzeit klaglos hinnehmen, sei aber schon auf intensiver Suche nach einer Lösung. Dabei habe er im Dorf am Busbahnhof als Fluchtziel den *grilli* von Olli, einem seiner engeren Freunde, ins Auge gefasst. Dort könne man leckere *saunamakkara* (Saunawurst) erhalten. Olli habe für solche Zwecke hinter seinem Kiosk einen Schuppen angebaut, zwar ohne Fenster, dafür aber mit diversen Baumstümpfen als Sitzgelegenheit. Dieses Séparée sei nur Eingeweihten zugänglich. Außer ihm, Matti, gebe es nämlich durchaus noch weitere Finnen, die in seinem Heimatort diätetischen Zwangsmaßnahmen seitens ihrer Partnerinnen ausgesetzt seien.

Dieser Brief war vor noch nicht allzu langer Zeit eingetroffen; daher war meine Erinnerung an diese Leidensgeschichte meines Freundes noch sehr frisch. Entsprechend bedurfte es keiner langen Überlegung, dass sein aktuelles Schreiben wohl von etwas anderem handeln musste.

Ich zog ein Bündel Papierbögen aus dem Kuvert, entfaltete den Stoß – und war erstaunt: Auf den ersten Blick erkannte ich auf allen Seiten einen identischen Text. Fotokopiert! Sogar einschließlich Mattis Unterschrift ... Lediglich die Anreden variierten. Da gab es »Hallo Jens! Hallo Fridolin! Hallo Detlef! Hallo Jupp! Hallo Berthold! Hallo Cornelius! Hallo Alfons! Hallo Lothar!«

Nun, zwar verwunderte mich die Anzahl der Blätter. Allerdings die Tatsache, dass Matti alles vervielfältigt hatte, überraschte mich nicht. Eher hätte mich verblüfft, wäre es anders gewesen. Perplex war ich dennoch.

Zwar hatte mein finnischer Genosse in der Vergangenheit immer Mal postalische Grüße auch an die ›alten Freunde‹ geschickt. Doch beschränkten sich seine Botschaften generell eigentlich auf meine Person. Sie dienten hauptsächlich dazu, mir mitzuteilen, wieviele Klafter Holz er gesägt und zerkleinert, wieviele Kubikmeter Schnee er in der letzten halben Stunde vor dem Haus aufgetürmt oder wieviele Tonnen Fisch er seit dem frühen Morgen aus dem See gezogen habe. Das Übliche eben. Textmitteilungen an weitere Personen, noch dazu in hektografierter Form, waren diesen Nachrichten bisher niemals beigefügt gewesen.

Beim Entnehmen des Konvoluts vervielfältigter Anschreiben rutschte noch ein etwa 15 x 15 Zentimeter messendes Stück Packpapier aus dem Umschlag. Schon im Begriff, es in den Papierkorb zu entsorgen, erspähte ich Mattis Schriftzüge. Sie sind unverkennbar, ähneln gewissermaßen altägyptischen Hieroglyphen und waren grob hingekritzelt, zweifelsohne mittels eines Zimmermannsbleistifts. Der erste Blick bewies mir, dass es sich dabei um das persönlich an mich gerichtete Anschreiben handelte, denn es begann mit »Bücherschreiberlein ...«.

Den folgenden Text gebe ich hier wörtlich wieder, damit meine Verblüffung beim Lesen von Mattis Botschaft verständlich wird: »Bücherschreiberlein, ehrwürziges und rumreiches!« (Ich vermute, diese Schreibfehler waren nicht rein zufällig entstanden).

»Hier schicke ich wichtiges Brief. Musst du weitergeben an deutsche Freunde. Kennst du ja alle. Brauche ich sie hier in Finnland. Sollen erbauen, neuern und schön machen altes leerisches Schule an See. Habe ich gekauft zu Freude von Päivi, ho, ho, ho. Deutsche Freunde müssen helfen, denn Schule ist holzgebaut und bisschen kaputt. Du, altes Freundlein, musst auch herkommen. Könnt ihr alle wohnen bei mir. Auch Frauen (nicht alle bei mir in Zimmer). Päivi freut sich (ein bisschen). Gib bald Nachricht! Matti, the Boss – *kiitos* (Danke) für Hilfe!«

Als ich das Papierfragment umdrehte, entdeckte ich auf der Rückseite noch den Satz: »Herkommen und Zurückkommen von Freunden ist sich wichtiges Aufgabe für dich!«

Es dauerte einen kurzen Moment, bis ich ganz erfasst und seelisch-geistig verarbeitet hatte, was der Bursche mir da eröffnete. Daraufhin setzte ich mich erstmal in meinen alten Schriftsteller-Sessel, atmete durch und sammelte Kraft, damit ich meine liebe Lebensgefährtin über Mattis Mitteilung und Ansinnen informieren konnte. Welchen fast schon Narretei zu nennenden Blödsinn hatte der finnische Chaot da wieder angestellt? Päivi war sicherlich einem Nervenzusammenbruch nahe gewesen. Denn, man muss sich einmal klar machen, was Matti sich da aufgeladen hatte, ganz unabhängig von den finanziellen Verpflichtungen.

Hier muss ich kurz den sachlichen Hintergrund von Mattis Immobilienankauf erläutern: Auch in Finnland führen die demografische Entwicklung sowie Änderungen des Wohnverhaltens zu einer zunehmenden Entvölkerung ländlicher Räume. Immer mehr finnische Familien ziehen in südliche Gebiete des Landes, insbesondere in die Hauptstadtregion. Denn dort ist unter anderem die Arbeitsmarktsituation besser. Dieser Trend hält schon seit vielen Jahren an, mit steigender Tendenz.

Als Folge dieser Tatsache wird von der Politik eine Zentralisierung der öffentlichen Einrichtungen in den dünner besiedelten Landesteilen vorgenommen, teils in rigoroser Manier. Neben dem medizinischen Sektor betrifft das auch die Schulen. Während die Kinder bis vor nicht allzu langer Zeit häufig noch in ihren dörflichen Gemeinden zur Schule gehen konnten, werden und wurden dort zunehmend die kleinen Grundschulen geschlossen. Die Schülerinnen und Schüler verfrachtet man stattdessen zur Schule im nächstgelegenen zentralen Ort.

In Konsequenz stehen schon seit vielen Jahren mancherorts die ehemaligen Schulgebäude leer. Dabei handelt es sich oft um ausgedehnte Areale und große Anwesen. Vielfach gibt es Nebengebäude, und nicht selten ist das Ganze an landschaftlich sehr attraktiven Orten wie am Ufer eines der weiten Seen lokalisiert. Die Baulichkeiten, meist Holzgebäude, sind jedoch nicht unbedingt im besten Zustand. Daher sind die jeweiligen Kommunen in vielen Fällen daran interessiert, die maroden, ungenutzten und lediglich Geld schluckenden Bauwerke möglichst rasch zu verkaufen. Dabei werden manchmal unfassbar niedrige Preise angesetzt, um das Objekt loszuwerden.

Matti hatte wohl in einem der bei ihm, so war mein Eindruck, nicht gar so seltenen Anfälle geistiger Umnachtung einen solchen Kauf getätigt. Zuzutrauen war ihm eine solche Aktion. Jetzt hatte er vermutlich das Haupthaus sowie die Nebengebäude in näheren Augenschein genommen und war dabei offenkundig zu der Erkenntnis gelangt, dass alles so ziemlich ›hinüber‹, möglicherweise gar abbruchreif war.

Ich überflog eines der von Matti fotokopierten Schreiben an unsere gemeinsamen Bekannten: Es war an Jens Machtniks gerichtet, jenen ebenso rastlosen wie großspurigen, dabei aber gleichzeitig von Grund auf gutmütigen Freund. Er hatte mit seiner Familie vor einigen Jahren seine erste Finnlandreise angetreten und dabei durch meine Vermittlung auch Matti und Päivi einen Besuch abgestattet. Jens mit Ehefrau Claudia und ihren Kindern Silke und Thomas wurden damals von Fridolin begleitet, dem einzigartigen und einzigen Cousin von Jens. Fridolin stellte nicht nur seinen Kleinbus für die Reise zur Verfügung, sondern untermalte zahlreiche Situationen mittels seiner geliebten Mundharmonika – denn: Er ist überzeugter Mundharmonikaner und befasst sich eifrig damit, neben anderen klassischen Werken auch Beethovens 5. Symphonie für Mundharmonika zu arrangieren; leider indes bisher vergeblich.

Ich las den Text in Mattis Schreiben mit gemischten Gefüh-

len: »Gutes Freund Jens! Matti, der Finne, grüßt dich als guten Bauer. Nicht Bauer von Kühen natürlich. Sondern Bauer von Haus und solchen Sachen. Bin ich (großes Freude und großes Arbeit) jetzt Schuldirektorus von leerer Schule geworden. Herrliches Gebäude, sehr groß, etwas kaputt. Muss gerenoviert werden von mir und dir und anderen Freunden, Finnen und Deutschen. Also: Musst du kommen mitzuhelfen. Kannst du wohnen hier ganz ohne Geld mit ganzer Familie. Sag Bescheid, wann du kommst, damit ich bestelle viel Holz, Nägel, Schrauben, Farbe und andere Sachen. Bist du gutes Freund, weil du kommst. Päivi ist glücklich, wenn ihr alle kommt. Ich kaufe Bier und angle Fisch für leckeres Essen.
Willkommen – *tervetulod*! Matti, the Boss«

Wie auch in meinen früheren Finnbüchern möchte und muss ich an dieser Stelle vorbeugend und als Eigenschutz vor etwaigen ›Protestnoten‹ einflechten: Obgleich Matti der deutschen Sprache absolut mächtig ist, ist sein Deutsch wirklich so, geschrieben wie gesprochen! Aber er hat nun mal die Marotte, sein eigenes ›Matti-Deutsch‹ zu verwenden. Mich hat er strengstens (!) angewiesen, dies in meinen Büchern stets genau so wiederzugeben, wie es von ihm kommt. In diesem Zusammenhang sei erwähnt: Es ist kein Witz, dass er immer dann in fehlerfreies Deutsch wechselt, und zwar sowohl in Bezug auf Aussprache als auch Grammatik, wenn er verärgert ist oder sonst in Rage.

Da er seine Anschreiben vervielfältigt und lediglich die Namen der Adressaten ausgewechselt hatte, lauteten die eigentlichen Texte seiner Briefe logischerweise identisch. Sie waren, wie schon weiter vorne kurz aufgelistet, an gemeinsame Freunde und Bekannte von uns gerichtet, die Matti bei seinem damaligen ersten Deutschlandbesuch vor mehreren Jahren kennengelernt hat. Mit ihnen stand er – wie ich schon erwähnte – in sporadischem Briefwechsel. Und wohl alle waren zwischenzeitlich mindestens ein Mal bei ihm und seiner Päivi zu Besuch gewesen.

Detlef, genannt Detti, verbrachte die Sommer sowieso immer in Finnland, da er ebenfalls mit einer Finnin, Viivi, verheiratet ist. Da waren wechselseitige Treffen selbstverständlich.

Fridolin, der eifrige Mundharmonika-Spieler und Cousin von Jens, war Mattis besonderer Liebling, nicht nur wegen seiner ruhigen, vornehmen Art, sondern auch wegen seiner musikalischen Fähigkeiten.

Unser lieber Nachbar Jupp und Matti wurden schon am Tag nach Mattis und Päivis damaliger Ankunft in unserem Dörfchen engste Kumpel.

Berthold, unser Dorf-Knochenflicker und Krankengymnast sowie Cornelius, damals und heute Vorsitzender des Kleingartenvereins ›Saftige Zwiebel‹, schwärmen bei jeder passenden und unpassenden Gelegenheit von Mattis außergewöhnlichen Qualitäten auf sportlichem Gebiet, wohl eingedenk von Mattis Sieg vor Jahren im Holzhackwettbewerb beim Kleingartenfest.

Alfons ist auch heutigentags bei uns immer noch Reifenhändler, Gummischwan-Künstler und Ortsbürgermeister. Er äußert bei allen Stammtischtreffen im ›Fröhlichen Ochsen‹ sein Bedauern, dass Matti nicht teilnehmen könne.

Mein spezieller Freund Lothar, Tankstellenbesitzer und passionierter Trainer beim ›FC FF 78‹, unserem lokalen Fußballverein, schaut mich bei jeglichem Zusammensein nach wie vor missbilligend an und tadelt mich, weil ich den ›Finnländer‹ nicht dazu bewegt habe, Mitglied der Dorfgemeinschaft zu werden, sich also meldetechnisch in unserem Ort sesshaft zu machen.

Diese Freunde, offenbar inklusive ihrer Familien, sollten demnach die Mannschaft bilden, die Herr Matti gedachte zwecks Renovierung seines ›Palazzos finlandese‹ anzuheuern – selbstverständlich unentgeltlich.

Wieso hatte ich das eigentlich sofort nach Lesen der ersten Zeile seiner Mitteilung genau so erwartet? Schließlich kenne ich meinen guten Matti seit mehreren Jahrzehnten und bin an allerlei Verrücktheiten, spontane Entscheidungen und unbekümmertes Handeln von ihm gewöhnt. Bisher war auch alles gutgegangen, und so stand zu vermuten, es werde auch diesmal zur allseitigen Zufriedenheit funktionieren. Dennoch war ich gespannt, in erster Linie darauf, was meine liebe Ehegefährtin sagen würde, wenn ich sie über Mattis Vorhaben informierte. Und selbstverständlich auf die Reaktionen bei allen, die vom Großen Finnischen Meister zur Mithilfe bei der Rekonstruktion seiner Immobilien-Erwerbung ausersehen waren.

Mir mit Mattis Schreiben Mut zufächelnd, sah ich beim Betreten unseres Wohnzimmers meine Ehefrau auf dem Sofa sitzen. Sie hatte die Hände im Schoß gefaltet und hielt ein Taschentuch zwischen ihren Fingern – tat sie das, weil sie, was der Fall war, aktuell einen leichten Schnupfen hatte? Oder hatte sie sich in weiser Voraussicht und aus Erfahrung mit anderen Briefsendungen des lieben Matti auf eine Tränenflut vorbereitet? Wobei zu sagen ist, dass sämtliche früheren Tränenströme in diesem Zusammenhang meist aus Lachtränen bestanden, sehr selten aus Tränen der Empörung und des Zorns, bisher niemals aus solchen der Trauer …

Meine Lebensgefährtin blickte mir abwartend entgegen. Ein knappes »Nun?« entrang sich ihren Lippen.

Der Bedeutung der Situation entsprechend richtete ich mich hoch auf, nahm fast adelskonforme Haltung an (Kinn erhoben,

Knie durchgedrückt, Füße parallel gestellt), setzte meine wichtigste Miene auf, räusperte mich einige Male, um meiner Stimme den notwendigen sonoren Klang zu verleihen und begann, den an Jens gerichteten Brief vorzutragen.

Der erste Erfolg jedoch war leider mäßig. Ich kam gerade bis zum Ende des ersten Satzes »Hier schicke ich dir wichtiges Brief«, da schürzte meine Lebensgefährtin, fleischgewordenes schieres Desinteresse, gelangweilt ihren Mund, schnäuzte sich ausgiebig die Nase und meinte kühl: »Jou, ich weiß, er hat 'ne olle Schule gekauft. Hat mir Päivi schon heute Morgen am Telefon erzählt. Ich wollte es dir vorhin sagen, aber du warst dauernd mit diesem Liebesbrief von Matti beschäftigt. Bestimmt schwärmt der Bursche von seiner Erwerbung, aber die arme Päivi hat seitdem schlaflose Nächte. Hat er Genaueres geschrieben? Oder was will er?« Sie schniefte hingebungsvoll.

Ich sank perplex in einen Sessel. Diese Finninnen! Es wurde mir wieder einmal klar: Geheimnisse gab und gibt es offenkundig nicht vor ihnen. Aber immerhin, von Mattis ebenso originellem als auch – vorsichtig ausgedrückt – ungewöhnlichem Projekt, Bekannte und Freunde aus Deutschland zu Montagearbeiten auf seine neuen Baulichkeiten einzuladen, schienen weder Päivi noch meine Angetraute etwas zu ahnen.

Meine ›finnländische Lieblichkeit‹, wie Nachbar Jupp bei einer länger zurückliegenden Gelegenheit mein Ehegespons mal tituliert hatte, zog die Beine hoch, umschloss ihre Knie und wartete auf meine weiteren Ausführungen. Ich schaute streng und las weiter vor. An mehreren Stellen von Mattis Epistel vernahm ich aus Richtung Ehefrau ein deutliches »Pffff!«. Womit sie alles ausdrückte, was sie empfand. Bei der Textstelle »herrliches Gebäude, sehr groß, etwas kaputt«, tat sie einen schweren Seufzer, unverkennbar stellvertretend für Mattis bessere Hälfte Päivi. Dieses Seufzen paarte sie meisterhaft mit einem weiteren inbrünstigen Schniefen.

Ich rechnete daraufhin mit einem verbalen Kommentar, las dann aber, als dieser ausblieb, zügig weiter. Als ich, mit vorsichtig gedämpfter Lautstärke, vortrug: »Musst du kommen, mitzuhelfen«, blieb es auf dem Sofa völlig still. Beim Blick über den Brillenrand sah ich meine Lebensgefährtin mit verdrehten Augen längelang auf dem Diwan liegen, schwer atmend. In panischem Schrecken wollte ich schon notärztlich aktiv werden, als ich entdeckte: Sie schüttelte sich vor Lachen. Und eine Sekunde danach hörte ich sie keuchen, immer wieder von Lachanfällen unterbrochen: »Lies weiter, mein Schatz, lies weiter!«

Erst, als sie Mattis Aussage vernahm: »Päivi ist glücklich, wenn ihr alle kommt!«, verstummte ihr Gekicher und sie setzte sich kerzengrade hin, mit gerunzelter Stirn. »Unglaublich!«, tönte sie erbost. »Steht das wirklich da oder nimmst du mich auf den Arm?!« Und als ich vorsichtig flüsterte: »Nö, das hat er geschrieben. An alle!« – »An alle?! Wer sind ›alle‹?« – Ich zählte die Adressaten auf.

Noch während ich die Liste verkündete, ergriff sie das Telefon. »Was machst du?«, fragte ich, denn ich ahnte Schlimmes. »Was wohl? Ich rufe Päivi an! Die Arme muss schließlich wissen, was der Dorschkopp da geplant hat. Der hat ihr garantiert nichts davon erzählt!«

»Meinst du nicht, es wäre besser, die beiden klärten das unter sich?«, wagte ich anzumerken. Die Augen meiner Angetrauten wurden fast doppelt so groß. »Klären?«, tönte sie, »klären? Sagtest du ›klären‹?« – »Na ja«, murmelte ich schüchtern, »wäre doch das Beste, oder?«

Ich erhielt als Antwort lediglich einen empörten Blick, denn in diesem Moment meldete sich Päivi. Der weitere Verlauf des

Gesprächs blieb mir verborgen. Denn obgleich ich durchaus ein oder zwei finnische Vokabeln kenne und meine Ohren auf besten Empfang stellte, erfolgte der wechselseitige Wortschwall der beiden Damen mit einer derartigen Geschwindigkeit, dass ich allenfalls bruchstückhafte Wortfetzen herausfiltern konnte. Am häufigsten ertönte selbstverständlich der Rufname meines lieben finnischen Freundes Matti, jeweils unterlegt mit sehr speziellen Untertönen …

Dazwischen erklang unzählige Male das für meine Begriffe zentrale Wörtlein der finnischen Sprache: *›No niin‹*. Mal als *›no niin!‹*, mal als ›no niin?‹, dann wieder als *›no niin, no niin …‹*

Für Leserinnen und Leser, denen das Finnische absolut unbekannt ist, hier ein Versuch zu erklären, für was ›no niin‹ stehen kann:

Schon mal vorweg: Stellen Sie sich bitte auf einen längeren Textabschnitt ein! Denn die Bedeutungen von ›no niin‹ sind zahlreich! Je nach Betonung und Stimmlage kann es bedeuten: No niin – Genau! / No niin – Niemals! / No niin – Ach so! / No niin – Allerdings! / No niin – Ist doch nicht möglich! / No niin – Ist doch möglich! / No niin – Ach komm! / No niin – Ach du je! / No niin – Wunderbar! No niin – Klar! No niin – Ganz klar! No niin – Ohooo! No niin – Völlig unmöglich! / No niin – Jawohl! / No niin – Ich weiß nicht … / No niin – unfassbar! / No niin – erzähl' mal weiter! / No niin – Herrje! / No niin – ganz meine Meinung! / No niin – meine auch! / No niin – meine nicht! / No niin – okay, beenden wir jetzt das Gespräch! / No niin – gut, ich lege jetzt auf. / No niin – Dann bis bald! / No niin – Halt, leg noch nicht auf! Mir ist noch was eingefallen! / No niin – Und?! / No niin – wirklich? / No niin – Soso! / No niin – Hmm! / No niin – Na ja … Also dann! / No niin – Moment, warte noch! / No niin – Naja … / Noniin

– Dann Tschüss! / No niin – ich lege jetzt auf!

Das Telefonat endete nach gefühlt drei Stunden. Mit Triumph in ihren Augen wandte sich meine Frau mir zu. »Hab' ich doch gleich gesagt! Natürlich hat dieser Chaot Matti ihr keine Silbe davon verraten, dass er die gesamte Sippschaft eingeladen hat!« Sie grinste. »Ha, jetzt wäre ich gerne dabei, wenn der Bursche nach Hause kommt!«

Ich wiegte mein weises Haupt und äußerte nur: »No niin.«

02 Besuch bei Jens Machtniks: Bedrohliches in Kellerräumen und Jens bei Schwerstarbeit.

Die Eingangstür bei Familie Machtniks stand sperrangelweit offen. Weit und breit war kein Mitglied der ebenso einzigartigen wie eigenartigen Hausgemeinschaft zu entdecken. Immerhin war, wie üblich, das Vehikel von Jens dick und breit in der Garageneinfahrt geparkt, ein Hinweis darauf, dass der Bursche nicht weit sein konnte.

Ich näherte mich der Haustür vorsichtig. Ich vermutete Jens damit beschäftigt, irgendetwas zu renovieren oder zu reparieren. Und schließlich hatte ich in der Vergangenheit durchaus Gelegenheit gehabt, Erfahrungen mit Machtnikssschen Baumaßnahmen zu sammeln, insbesondere, wenn Freund Jens daran beteiligt war. Es ist mir noch in ›guter‹ Erinnerung, wie mich vor noch nicht allzulanger Zeit ein voller Farbeimer nur um Haaresbreite verfehlte. Damals wollte Herr Machtniks der Frontseite seiner Garage einen neuen Anstrich verpassen. Zu diesem Behuf hatte er sich von seinen ›Lieblings-Feinden‹, den nebenan wohnenden Schnatzingers, eine völlig überdimensionierte Leiter geliehen. Als ich ankam, stand er auf einer der oberen Stufen und bepinselte hingebungsvoll das Gemäuer, in dem er seine Staatskarosse üblicherweise parkt. Selbstverständlich durfte ihm – wie könnte es anders sein – dennoch kein Vorgang auf der Straße entgehen. Ob wichtig oder nicht, alles und jedes erforderte seine Aufmerksamkeit: Sei es Schnatzingers Katze, die von einer Straßenseite zur anderen wechselte, sei es der ältere Herr, der vom Einkaufen in seine Wohnung in der nächsten Quergasse heimkehrte, sei es ein Lieferant, der, drei Häuser weiter, ein Päckchen bei Familie Kugelbauch abgab – Jens Machtniks musste und wollte das wissen.

Konnte es da ausbleiben, dass er mein Nahen frühzeitig bemerkte, obgleich ich wohlweislich in der Nebenstraße geparkt hatte, weil ich ihn überraschen wollte?

Kaum hatte Herr Obermalermeister mich bemerkt, begann er, wie wild mit Pinsel und Farbrolle zu hantieren. Wollte mir wohl auf diese Weise durch diese Betriebsamkeit demonstrieren, wie vielbeschäftigt er war. Als Folge dieser ungestümen Hektik geriet die Leiter ins Wanken, mit ihr selbstverständlich Herr Machtniks. Der warf Pinsel und Rolle in weitem Bogen von sich und versuchte unter schrillem, unartikuliertem Schreien, sich am Rand des Garagendaches festzuhalten. Gerettet wurde er nur durch mein beherztes Eingreifen, indem ich energisch in die Sprossen griff und unter Aufwendung meiner gesamten Körperkraft (ich könnte auch schreiben, meines nicht unerheblichen Körpergewichtes) die Leiter am Wegrutschen hinderte.

Dass bei dieser Aktion der mittels eines Fleischerhakens an der Leiter hängende Farbeimer nicht lange überlegte, ob er dort bleiben oder sich mutig in die Tiefe stürzen sollte, sondern spontan das Letztere tat, ist nicht weiter verwunderlich. Glück im Unglück: Die Leiter blieb stehen, Jens blieb oben, mein Kopf blieb unbeschädigt, im Gegensatz zu meiner Hose, die anschließend über ein nicht alltägliches Sprenkelmuster verfügte. Was Herrn Machtniks nicht sonderlich aufregte, da er vollauf mit der Bewältigung von zwei Tatsachen beschäftigt war: 1. zitternd zu vermelden »Ich hätte tot sein können!«, 2. zu protestieren: »Jetzt guck' dir das Garagentor an!« Dieses war nämlich mit Dekorationen verziert, die denen auf meinem Beinkleid ähnelten, ebenso wie der Rasen im Vorgarten, wo Farbeimer sowie die weiteren Malutensilien im wahrsten Sinne des Wortes ›malerisch‹ verstreut lagen.

Das geschilderte Ereignis reiht sich ein in weitere Erfahrungen, die ich bei ähnlichen bautechnischen Aktivitäten des Herrn Machtniks machen durfte. Hammerschläge auf so empfindliche Körperteile wie Daumen oder Zeigefinger gehören bei ihm schon eher zum unvermeidlichen Rahmenprogramm. Auch Schnittwunden durch Reste zerstörter Fensterscheiben und durch Abrutschen bei irgendwelchen Schnitzereien sowie Quetschverletzungen durch besonders geschicktes Ansetzen von Zangen, beispielsweise beim Ziehen rostiger Nägel, sind standardmäßig eingeplant. Ebenso umfasst sein Repertoire das (Fast-) Absägen halber Gliedmaßen beim Ablängen von Holzbrettern.

Schon allein in der Erwartung derartiger kurzweiliger Episoden während der Renovierungsarbeiten an Mattis Erwerbung in Finnland war ich voller Vorfreude auf dieses Projekt.

Nun also näherte ich mich gemessenen Schrittes und wachsam dem Machtniksschen Hauseingang, in der Absicht, Mattis Brief mit der Einladung zu überbringen. Richtiger sollte ich seine Zeilen wohl als ›Aufforderung‹ bezeichnen. Na ja, sei es wie es sei.

Vorsichtig spähte ich in die Türöffnung. Auf Grund der geschilderten Erlebnisse in der Vergangenheit war ich auf der Hut, bereit, jederzeit zurückzuspringen. Meine Ohren hatte ich, bildhaft gesprochen, auf doppelten Empfang gestellt. Ich entdeckte: Nichts. Nichts! Was war da los?

Bei genauerer Inspektion allerdings stellte ich fest, dass auch die Tür zum Keller, die vom Vorraum abging, weit geöffnet war.

Von dort unten, aus den Katakomben, vernahm ich jetzt dumpfes Ächzen und Stöhnen. Diese Laute mussten eindeutig von Jens kommen. Nur er konnte derart unmelodische Töne hervorbringen.

Ich positionierte mich auf der obersten Stufe besagter Kellertreppe. Die jämmerlich-jammernden Geräusche aus dem Untergrund waren hier deutlicher zu hören. Offenkundig lag mein Freund in den letzten Zügen. Und das Wenigste, was ich tun konnte, war, ihm beizustehen, wenn er sich vom hiesigen Dasein verabschiedete. Ich nahm daher meinen Mut zusammen und begab mich in das Grabgewölbe, auf das Schlimmste gefasst.

Je weiter nach unten ich kam, desto entsetzlicher wurden die befremdlichen Töne. Jens Machtniks musste schwerst verletzt in einer Ecke liegen. Immerhin, tröstete ich mich, lebt er noch, dem fürchterlichen Wehklagen nach zu schließen.

Unten angelangt schaute ich vorsichtig in den ersten Raum: leer bis auf ein verrostetes Fahrrad und übereinander gestapelte Kartons. Ich folgte dem anhaltenden Wehklagen. Tatsächlich: Es kam aus der hintersten Ecke, wo eine Tür halb offen stand. Inzwischen war das Gejammer mit einem eigenartigen, bedrohlich klingenden Fauchen untermischt. Nun überkam mich, neben der Sorge um Jens, auch eine gewisse Panik. Hatte der Bursche durchgedreht? Hatte er die Tollwut? Würde mich möglicherweise sogar beißen?

Mein Schritt wurde zögerlicher. Und dann bemerkte ich: Das Kabuff war dunkel. Ich tastete nach dem Lichtschalter, bekam einige Spinnweben zwischen die Finger, fand aber doch den Kipptaster und (nur Mut, nur Mut!) drückte voller Todesverachtung darauf. Zack, das Licht flammte auf, blendete mich für Sekunden – und offenbarte …

Nein! Keinen Jens, der zusammengekrümmt am Boden lag! Keine ausgedehnte Blutlache auf dem Beton! Keine quietschende Kreissäge mit abgetrennten Gliedmaßen! Nichts dergleichen! Ich musste zweimal hinschauen: Im Winkel standen sich zwei total Verliebte gegenüber! Und es waren nicht Jens mit Claudia oder gar Freundin!

Schnurrli, die Machtnikssche Katze, wohlbekannt aus den früheren Berichten über Familie Machtniks, buckelte vor einem schwarzen Riesenkater. Der, schwerst in Liebe entbrannt, himmelte seine Katzenfreundin schwärmerisch an und versuchte, sie mittels Katergesang zu betören. Wer eine Katze hat oder hatte, wird bestätigen können, dass dabei entstehende Kater- und Katzenduetts für Mäusejäger zwar lieblich, für Menschenohren aber eher erschröcklich klingen.

Das also war des Rätsels Lösung. Kein Invalide namens Jens Machtniks. Ich war wirklich erleichtert.

Doch die Frage blieb: Wo war der Herr des Hauses? Und warum, weshalb, aus welchem Grund standen sämtliche Türen offen?

Ich ließ Katze und Kater sein wo sie waren, stieg die Kellertreppe wieder nach oben und probierte, ob die innere Haustür verschlossen war. Das war nicht der Fall, wie ich unschwer feststellte. Zögernd trat ich näher, wobei ich vorsichtig die Rufnamen der Hausbewohner flötete: »Hallo! Claudia?! Jens?! Hallo! Ich bin's!« Da keine Reaktion erfolgte, erhöhte ich den Lautstärkepegel meines Rufens, erneut vergeblich.

Schon hatte ich mich zum Umkehren entschlossen, da es mir zu aufdringlich erschien, weiter in die Privatgemächer der Familie Machtniks vorzudringen, als ich ein müdes »Hallo« aus dem Wohnzimmer vernahm, dann geringfügig lauter erneut: »Hallo!«. Nach kurzem Zögern öffnete ich die Tür und warf einen Blick hinein.

Längelang hingestreckt unter einer kuscheligen Decke, den Kopf auf mehreren Kissen flaumweich gebettet, empfing mich Hausherr Jens. Betrachtete mich schlaftrunken aus halbgeöffneten Augen und begrüßte mich höflich mit: »Was machst du denn hier?«, mit Betonung auf »Du«. Dann folgte: »Bist du schon lange da?« Und nach einer kurzen Pause: »Die Claudia ist mit den Kindern in der Stadt, einkaufen. Ich bin nicht mit. Hab' so viel zu tun.« Diese Erläuterungen erfolgten selbstverständlich im Liegen. Mein lieber Freund sah ersichtlich keinen Grund, sich zu erheben.

Ich wedelte mit Mattis Schreiben. »Hab' hier einen hochinteressanten Brief aus Finnland für dich. Von Matti. Ich werf' ihn draußen in euren Briefkasten, für später. Mach's gut!« Und wandte mich zum Gehen.

Ich hatte noch keine halbe Drehung gemacht, da stand Freund Jens zwischen mir und der Tür, riss mir den Briefbogen aus der Hand, hockte sich wieder aufs Sofa und begann zu lesen. Ich bemerkte, wie seine Augen immer größer und strahlender wurden. Dann erhob er sich und wanderte mit großen Schritten im Zimmer hin und her, »Das is'n Ding, mein Lieber! Das is'n Ding!« Er ergriff meine Hand und schüttelte sie ausdauernd. Doch plötzlich trübte sich seine Miene ein.

»Aber Claudia! Die macht bestimmt nicht mit, so stur, wie sie ist.« Ich wartete ab und sagte nichts. Und ebenso plötzlich, wie sich sein Gesicht verdüstert hatte, hellte es sich wieder auf. »Ich weiß! Du musst es ihr sagen und sie überzeugen! Auf dich hört sie!« Naja, dachte ich, da habe ich so meine Zweifel ... Herr Jens jedoch wartete nicht auf irgendeine Reaktion von mir, sondern begann sein Umherlaufen von neuem. »Ja klar, so machen wir das!« Er warf mir triumphierende Blicke zu. »Sie muss gleich nach Hause kommen. Dann sagst du's ihr, okay? Aber mit Feingefühl!«

Dieser Chaot ermahnte mich (!)), ›Feingefühl‹ zu zeigen!

Ich fand es nun an der Zeit, das Thema ›offenstehende Haustür‹ anzusprechen. Gedachte, Jens dadurch mal etwas auf den Boden der Realität zurückzuholen. Aber falsch gedacht. »Ach das. Was soll schon passieren? Ich war ja hier, hellwach und hab' aufgepasst. Ich hatte nur so viel zu tun. Musste den Keller aufräumen, hab' Claudias Fahrrad geputzt und vom Schuppen in den Keller getragen, damit es nicht kaputt geht.« Aha, das rostige Gestell da unten, das ich vorhin entdeckt hatte, war also von ihm ›geputzt‹ worden …

Ich war ziemlich sicher, es war ihm nicht ums Rad gegangen, sondern er brauchte mehr Platz in seinem Bastelschuppen. Denn: Wie ich in »Finnland, Matti & Co« schon einmal erwähnte, werkelt Jens Machtniks an einem Meisterwerk (Jedenfalls bezeichnet er selbst es gerne so). Er baut seit Jahren an einem lebensgroßen mechanischen Nikolaus aus Blech und Holz und Stoff und Was-weiß-ich-noch-für-Materialien. Bedauerlicherweise geht es mit dem Ganzen nur sehr schleppend voran. Der in den zurückliegenden Jahren festzustellende Fortschritt des Vorhabens war kaum der Rede wert. Nichtsdestotrotz ist dieses Projekt von überragender Bedeutung und ein schlagender Beweis für das technische Knowhow seines Schöpfers. Sagt Jens.

Während mir diese Gedanken durch den Kopf gingen, drang plötzlich Motorengeräusch und das Quietschen von Bremsen an mein Ohr. Im selben Augenblick sah ich meinen Freund Jens wie einen flüchtigen Schatten in Richtung Küche entfleuchen. Ich vernahm noch ein dahingeschleudertes: »Schnell! Komm' mit!«

Sekunden später erschien er in der Küchentür, adrett in eine Schürze gekleidet sowie mit einem Trockentuch überm Arm und zerrte mich, der ich noch zögerte, mit Schwung in die ›Kombüse‹. Gleichzeitig warf er mir ein Geschirrtuch zu und begann mit Vehemenz und großem Geklapper, die Berge von Besteck sowie Teller und Schüsseln vom Mittag aus der Spülmaschine zu nehmen und abzutrocknen – eine Maßnahme, die meiner unmaßgeblichen Meinung nach völlig unnötig war, da das Zeug längst in der Maschine getrocknet war.

Der Sinn und Unsinn seines Verhaltens wurde mir sofort klar: Es erklangen nämlich im Hauseingang Stimmen, und zwar keine unbekannten. Claudia, Jens' langjährig Angetraute, ließ sich hören, daneben mit heller Stimme Silke, das kleine, inzwischen fast zehnjährige Töchterlein und auch Thomas, nun schon 15 Jahre jung. »Tommi, guck' mal, die Tür ist ja offen!« Das war Silke. »Seh' ich selbst!« Das war die Stimme von Thomas. »Mammi, guck' doch mal! Die Tür steht auf!« Silke klang deutlich beunruhigt, aber auch empört.

Jetzt ließ sich Claudia hören: »Das war garantiert euer Vater. Tommi, nimm mal den Getränkekasten! Und du, Silke, kannst hier die Tasche tragen. – Jens! Jehens! Wo bist du?!«

Mein Freund hing sich das Trockentuch malerisch über die Schulter. Wohlweislich bewegte er sich nur so weit Richtung Wohnungstür, dass er im Kücheneingang sichtbar wurde. Dabei grinste er mich pfiffig an und raunte mir zu: »Falls die Claudia reinkommt. Die hat garantiert noch x Kästen und Kisten im Auto. Lass' uns mal lieber abwarten.« Laut rief er: »Hier in der Küche! Ich kann jetzt nicht kommen, bin gerade beim Aufräumen! Außerdem ist der Ebo hier!« ›Ebo‹, so wird meine unscheinbare Person im Freundeskreis gerufen.

Claudia, die ihren Göttergatten natürlich aus dem Effeff kennt, antwortete nicht. Wahrscheinlich stand sie schon wieder am Auto, um die restlichen Einkäufe ins Haus zu holen. Von den Kindern war auch nichts zu sehen. Allerdings konnte man elefantenmäßige Donnerschritte hören, die die Treppe ins obere

Stockwerk erstürmten. Jens, klug und weise wie stets, zog seine Augenbrauen hoch und erläuterte sachkundig: »Das sind die Kinder!«

Ich beschloss zu Claudia zu gehen, in der Absicht, ihr zu helfen, falls noch Taschen oder Ähnliches darauf warteten, hereingetragen zu werden. In diesem Moment öffnete sich die Wohnungstür, und Jens' bessere Hälfte (mir ging spontan durch den Kopf, dass dieser abgedroschene Ausdruck endlich mal zutreffend war) trat ein. Jens in seinem Küchenoutfit und mich entdecken, mich kurz zur Begrüßung zu umarmen, ihren Ehemann jedoch nur missbilligend anzuschauen, das war die Sache von fünf Sekunden. Dann fiel ihr Blick aufs Sofa und dort auf die Kuschelkissen und die Decke. Denn Jens hatte diese Dinge vergessen wegzuräumen, und ich sah keinen Grund, dies zu tun. Schließlich hatte nicht ich dort Siesta gehalten …

Mir schien es nicht geraten, in diesem Moment Claudia über Mattis Einladung zum Baustellen-Spektakulum zu informieren. Nicht so Jens. Er ergriff das Schreiben des finnischen Bauherrn, nahm Proklamations-Haltung an und verlas mit erhobener Stimme den Inhalt besagten Briefes. Und – oh Überraschung – anstatt auf diese Weise einen höchst dramatischen Ehekonflikt heraufzubeschwören, wie ich befürchtet hatte, geschah tatsächlich etwas Unerwartetes: In Claudias Miene ging die Sonne auf! Ich war perplex! Ganz unverkennbar schien sie begeistert von Mattis Idee!

Und wirklich ließ sie direkt eine Art Jauchzen hören: »Ihr glaubt es bestimmt nicht«, sie strahlte übers ganze Gesicht, »aber gerade eben im Auto habe ich mit den Kindern davon gesprochen, wie schön es wäre, mal wieder nach Finnland zu fahren! Wenn ich denke, wie herrlich es dort letztes Mal war! Und Päivi (wir erinnern uns, das ist Mattis Ehefrau) ist so eine liebe Person!« Sie legte eine kurze Pause in ihrem Begeisterungssturm ein, zog die Augenbrauen zusammen und schürzte ihre Lippen. »Matti – na ja ... Um den müsst ihr euch kümmern.« Neuerliche Pause. »Und diese Bauerei, von der er da schreibt ... Das ist deine Sache, Jens! Die Kinder und ich, wir machen Urlaub. Ist ja wohl logisch.«

Jetzt sah ich den Zeitpunkt gekommen, weitere aufklärende Informationen zu geben. »Na prima«, begann ich, »aber Matti wünscht noch weitere Unterstützung.«

Beide Machtniks blickten interessiert, auch Jens. Denn ich war bisher noch nicht dazu gekommen, ihm mitzuteilen, dass noch eine Anzahl anderer Bekannter aus den hiesigen Gefilden zu den anstehenden Renovierungsarbeiten in Suomi erscheinen sollten.

»Es geht um Fridolin«, begann ich die Aufzählung, »um Detlef und Viivi, Jupp und Vreni, Berthold Ockelmenger, Cornelius Buxenhammer, Alfons Koppert und Lothar Gutermann.« Ich winkte mit den Kopien aus Mattis Kompaktsendung.

Jens fasste sich als Erster. Ein breites, glückliches Grinsen von einem Ohr zum anderen erschien auf seinem Gesicht. »Super!«, tönte er. »Das wird suuuper!« Es schien für ihn selbstverständlich zu sein, dass sämtliche Angeschriebenen zusagen würden. Claudia dagegen zeigte eine eher zweifelnde Miene. »Mit Viivi und Vreni, das ist kein Problem, die sind in Ordnung«, meinte sie zögernd. »Aber mit den Kerlen ... Der Berthold und der Cornelius, die sind ja eigentlich auch okay, der Fridolin sowieso. Der ist schon immer meine Rettung gewesen, wenn Jens anfängt zu spinnen. Aber Lothar und Alfons – das ist so eine Sache ...«

Jens war empört. »Wieso?! Das sind prima Kumpel! Der Alfons wechselt mir immer kostenlos die Reifen (Alfons Koppert ist Reifenhändler). Und der Tommi ist vom Lothar total begeistert, beim Fußball (Lothar ist nebenberuflicher Fußball-Trainer)!«

Was *ich* zwar wusste, Jens und auch Claudia allerdings wohl nicht: Hinter Tommis Sympathie für Lothar steckte letztlich seine ›erste große Liebe‹. Er schwärmte mit seinen 15 Jahren für Lothars bildhübsche Tochter Michaela, ebenfalls 15, und diese erwiderte seine hingebungsvolle Zuneigung. Daher nutzte Tommi jede Gelegenheit, in die Nähe von Lothar und auf diese Weise auch von Michaela zu gelangen.

Claudia zog die Stirn kraus. »Jedenfalls«, versetzte sie, »müssen wir uns erstmal treffen und überlegen, was und wie und wo das Ganze vonstattengehen soll. Haben denn die Übrigen schon diese Einladungen von dir bekommen, Ebo?«, wandte sie sich an mich. Ich schüttelte den Kopf. »Ich bin zuerst zu euch gekommen. Will aber jetzt weiter zu den Anderen. Ob die zustimmen, kann ich nicht sagen.« – »Natürlich stimmen die zu, ist doch klar, Mensch!« Das war Jens. »Ist doch 'ne einmalige Chance. Außerdem: Wenn die hören, dass ich mitkomme, sind die sofort einverstanden!«

Der Kerl überrascht mich immer wieder. Glaubt er eigentlich wirklich selbst an das, was er sagt? Claudia jedenfalls verzog bei seiner Aussage leicht spöttisch den Mund, äußerte aber nichts.

Jens verstand ihr Schweigen als Zustimmung. Seine Augen glänzten. »Ha! Ich hab' eine Idee! Morgen ist Samstag. Wir machen hier bei uns ein Treffen mit allen, die mitfahren wollen. Morgen um 15 Uhr, bei Kaffee und Kuchen. Ich geh' mit dir, Briefe verteilen und lade alle ein. Die Claudia ist bestimmt einverstanden, oder, Claudi?!«

»Die Claudia macht mit, wenn der Spinner Jens mithilft!«, kam die Antwort. Und zu mir gewandt meinte sie: »Ich fände es schön, wenn aus der Sache was würde. Freue mich darauf, Viivi und Päivi zu treffen. Die Idee, dass wir uns alle zusammensetzen und planen, ist diesmal gar nicht so schlecht von diesem Herrn hier. Und zu Jens sagte sie: »Hast du dran gedacht, dass morgen Nachmittag Opa Karl und Tante Ottilie zu uns kommen? Die können wir unmöglich ausladen!«

Jens blieb unbeeindruckt. »Na und? Ist doch kein Problem! Die sollen ruhig kommen! Für die ist das sicher 'ne Abwechslung. Grad für Opa Karl, der sonst immer im Heim hockt. Dem macht's bestimmt Spaß, wenn er mal wieder unter junge Leute kommt. Stimmt's, Ebo?« Ich zuckte hilflos meine Achseln. »Kann schon sein«, murmelte ich. Heimlich musste ich grinsen. Opa Karl war, wenn ich richtig rechnete, jetzt 94 oder 95 und, wie ich wusste, noch immer hellwach; seit vielen Jahren zwar schwerhörig, aber nach wie vor pfiffig. Ich traute ihm zu, dass er verlangte, ihn mit nach Finnland zu nehmen ...

Jedenfalls versprach diese Zusammenkunft spannend und mit großer Wahrscheinlichkeit vergnüglich zu werden.

Claudia (»Erst, Jens, räumst du das Sofa auf!«), Jens und ich einigten uns darauf, dass wir zwei Männer jetzt gemeinsam die restlichen Nachrichten von Matti verteilten und bei dieser Gelegenheit klärten, wer am nächsten Tag zur ›Planungsrunde‹, wie Jens es ausdrückte, bei Machtniks erscheinen würde.

Der Hausherr warf sich daraufhin in Schale, soll heißen, er verschwand im Schlafzimmer und erschien wenig später wieder in Anzug, Hemd und Krawatte. »Schließlich muss ich seriös auftreten!«, war sein Kommentar, wobei er einen missbilligenden Seitenblick auf meine legeren Jeans und mein buntkariertes Hemd warf.

Wir brachen umgehend auf. Ich war wirklich gespannt, wie Mattis Schreiben bei den verbliebenen Adressaten ankommen würde. Würden sie alle bereit sein, mit nach Suomi zu kommen? Und sich an den Vorplanungen beteiligen? Und vor allem: Würden sie einverstanden sein, bei Mattis Umbau- und Renovierungsarbeiten mitzuhelfen?

Jens, unterwegs wegen dieser Fragen von mir angesprochen, schüttelte lediglich sein Haupt ob derartiger Bedenken. Sein Kommentar kam wie aus der Pistole geschossen und zeugte davon, dass er Matti und dessen Artigkeiten sehr gut kannte. Denn was antwortete Herr Machtniks mir in überlegenem Tonfall: »Weißt du, was Matti sagen würde? Bist du kleines verrücktes Hühnchen. Verstehst du nix!« Und er grinste glücklich wie ein Honigkuchenpferd.

03 Rundreise zu Freunden und Terrassenkonferenz mit allen. Auch mit Opa Karl und Tante Ottilie.

Detlef und Viivi als Nachbarn der Familie Machtniks waren die Ersten, die wir gemeinsam aufsuchten. Detlef, genannt ›Detti‹, werkelte im Garten, wie uns sofort klar wurde, denn wir hörten ihn dort fluchen. Es hatte den Anschein, als habe er mit seinem Elektro-Rasenmäher soeben Viivis Blumenrabatte abgesäbelt. Und wirklich: Die wunderbaren Frühlingsblumen, Primeln und Krokusse und andere mehr, lagen gerupft und zerfleddert am Boden. Detti raufte sich die Haare. Als er uns erblickte, schien er aufzuatmen. »Hallo, gut dass ihr gerade kommt! Schaut euch bloß das Beet an! Ich war so in Gedanken, weil, na ja, ihr wisst doch: Wir sollen hier in der Straße jetzt dieses neue Kabel kriegen. Ich vergess' immer, wie es heißt, irgendwas mit Glas, soll viel schneller sein als bisher.«

Jens unterbrach mit wichtiger Miene. »Glasfaserkabel heißt das, Detti. Ist 'ne ganz tolle Sache, ich krieg' das auch. Alles läuft schneller damit, Computer, Telefon, Waschmaschine, Spülmaschine ...« Detlef schüttelte unwillig den Kopf. »Quatsch, Jens, Waschmaschine, Spülmaschine! Blödsinn! Eins weiß ich: Es geht nur um diese Computer-, Telefon- und Fernsehgeschichten. Jedenfalls: Viivi will's nicht, und ich bin mir auch nicht so sicher. Kostet zwar angeblich nicht viel, aber ich hab' nachgelesen, da kommt letzten Endes doch ganz schön was zusammen, als Nachfolgekosten, wenn ich's richtig verstanden habe. Es beschäftigt mich halt. Was hältst du denn davon, Ebo?«

Ich schüttelte den Kopf. »Ehrlich gesagt, Detlef, bei uns aufm Land steht das noch nicht zur Debatte. Insofern ... keine Ahnung!« Jetzt tönte Jens erneut: »Aber ich! Und was die Fiefi sagt

(Seine Finnisch-Aussprache ist nach wie vor unter aller Kritik! Natürlich meinte er ›Viivi‹.): Die versteht von solchen Sachen nix. Die Claudia ist auch dagegen, hab's trotzdem bestellt!«

Es schien mir angebracht einzugreifen, denn erstens erschien Viivi in der Terrassentür und blickte einigermaßen fassungslos auf den Blütensalat, den Detti angerichtet hatte. Zum Zweiten waren wir schließlich nicht hierhergekommen, um uns über Sinn oder Unsinn von Glasfaseranschlüssen auszutauschen.

Rasch zog ich Mattis Mitteilung aus der Tasche, reichte das Schreiben klugerweise nicht an Detti, sondern gab es Viivi, in der Hoffnung, sie dadurch vom Blumen-Desaster wenigstens so lange abzulenken, wie Jens und ich hier waren. Was sie danach mit Detti anstellen würde, und ob ihr Ehegatte den Konflikt lebend überstehen würde, konnte mir egal sein ... Gleichzeitig tat ich den Grund unseres Besuches kund. Jens schloss sich meinen Ausführungen an, indem er zum morgigen Treffen bei Machtniks mit Worten einlud, die den werbewirksamen politischen Reden und Versprechungen bei Wahlkämpfen in Nichts nachstanden.

Viivi ließ Jens Machtniks schwatzen, überflog Mattis Mitteilung und las sie dann laut vor. Dass der finnische Bruder Leichtfuß seine Epistel nur an Detti gerichtet hatte, nahm sie klaglos hin; schließlich war die Art ihres Landsmannes ihr seit Jahren bekannt. Detti lauschte dem Vortrag mit wachsendem Interesse. Es war augenscheinlich, dass die Angelegenheit seine spontane Zustimmung erhielt.

Viivi faltete das Papier zusammen, musterte ihren Lebensgefährten, musterte das Rasenmäher-Maschinchen, musterte Dettis zerstörerisches Mähergebnis, musterte Jens und mich und begann zu grinsen. »Sehr schön! Ich freu' mich schon auf eure Erfolge beim Bau von Mattis *koulu* (Schule). Wird bestimmt so erfolgreich wie Detlefs Mäharbeit hier ...« Sie legte eine Pause ein und musterte uns erneut mit überlegenem, hintergründigem, mir irgendwie mitleidig erscheinendem Lächeln. »Und morgen, zu dem Treffen bei euch, Jens, kommen wir natürlich. Allein schon, um Claudia beizustehen!« Damit war die Audienz bei ihr beendet, und sie verschwand im Inneren des Hauses. Vorher allerdings warf sie Detti noch rasch einen Blick zu, der ziemlich deutlich zum Ausdruck brachte: »Komm du nur rein!«, mit Betonung auf »du«.

Detti nahm das Ganze mit erstaunlicher Gelassenheit, drückte uns die Hände, äußerte »Ich freu' mich auf morgen und auf Finnland!« und schob uns zum Gartentor hinaus.

Fridolin stand als Nächster auf meiner Liste. Als wir bei ihm eintrafen, stellten wir unschwer fest, dass er auf der Terrasse saß. Wieso unschwer? Nun, wir folgten einfach den Klängen seiner Mundharmonika, die durch die Büsche des Vorgartens drangen. Der Cousin und treue Bundesgenosse von Jens bei unzähligen abstrusen Unternehmungen war seit kurzem von seinen mundharmonikalischen Klassik-Avancen auf Dixie und Rag gewechselt, was deutlich mehr Schwung in seine Kunst gebracht hatte.

Fridolin entdeckte uns sofort, als wir um die Hausecke bogen. Er ließ sich aber in seinen musikalischen Übungen nicht stören, sondern nickte uns lediglich kurz zu und deutete mit dem Kopf auf zwei freie Klappstühle. Erst nach geraumer Zeit legte er sein Instrument zur Seite. »Bin gerade am Komponieren«, meinte er. »Gibt's was Besonderes?«

Jens, unverschämt wie stets, posaunte: »Ich seh' nix vom Kompostieren! Sitzt doch nur gemütlich auf deiner Veranda und nervst die Nachbarn!« Fridolin blieb ihm nichts schuldig. »Ach, Jens, ahnungslos in Musik und auch beim Gärtnern.«

Da ich keine Lust auf dieses Geplänkel hatte, griff ich ein, überreichte Fridolin Mattis Brief und meinte: »Lies das mal durch, Fridolin. Ich fände es schön, wenn du mitmachen würdest. Claudia und Jens laden zu einer Vorbesprechung bei ihnen morgen Nachmittag ein, ab drei Uhr. Viivi und Detlef kommen auch, ich denke, auch die restlichen Eingeladenen.« Ich zählte ihre Namen auf. Jens ergänzte, nun ganz der vernünftige Organisator: »Du wolltest doch sowieso Opa Karl und Tante Ottilie zu uns bringen, hat die Claudia gesagt.«

Fridolin überflog Mattis Zeilen und schüttelte zweifelnd sein Haupt. »Typisch Matti. Der Kerl ist wahrhaftig verrückt! 'Ne alte Schule!« Er schaute hoch. Seine Augen glänzten. »Wisst ihr was?! Da könnte man doch Musikkurse abhalten! Mundharmonika, Gitarre, Trompete und alles Mögliche!« Er betrachtete uns mit verklärtem Blick. »Also, morgen Nachmittag um drei. Bis dann, ich muss jetzt weiter arbeiten.« Sprach's, ergriff seine Mundharmonika und verschwand im Reich seiner musikalischen Träume.

Die übrigen von Matti Auserwählten wohnen in meinem Dörflein. Jens ließ es sich nicht nehmen, mich dorthin zu begleiten. Auf der kurzen Fahrt kam ich in den zweifelhaften Genuss außerordentlich spleeniger Ideen des Herrn Machtniks. Da spielte sein mechanischer Nikolaus eine zentrale Rolle, aber auch der ungewöhnliche Plan, er trage sich mit dem Gedanken, ein Reise-Wörterbuch ›Deutsch-Finnisch‹ zu verfassen. Als er dieses Projekt erwähnte, wären wir fast im Straßengraben gelandet, weil ich vor Schreck das Steuer verriss. Wem bekannt ist, zu welchen linguistischen Meisterleistungen Jens fähig ist, wird meine Reaktion bestimmt verstehen. Ich habe seine Sprachbegabung schon früher ausführlich geschildert (in »Finnland, Matti und Co.«).

Beim Bericht über die Informationstour zu den restlichen Adressaten der Matti-Schreiben fasse ich mich kurz. Denn sämtliche von unserem finnischen Urgestein Auserkorenen wurden von Jens und mir nicht nur angetroffen, sondern stimmten spontan mit mehr oder weniger Begeisterung Mattis Vorschlag zu. Sogar Vreni, Jupps Angetraute, brachte keine Bedenken vor. Und alle, alle wollten am nächsten Tag zur Zusammenkunft bei Familie Machtniks kommen.

Jens, als ich ihn nach Hause zurückbrachte, stellte während der Fahrt mit stolzgeschwellter Brust fest: »Haben wir das nicht super gemacht? Schätze allerdings, wenn ich nicht dabei gewesen wäre, wär's nicht so gut gelaufen.« Ich war daraufhin kurzzeitig versucht, ihm einen klitzekleinen Schubs zu geben und gleichzeitig die Beifahrertür zu öffnen, nahm aber davon Abstand, da es vergeblich gewesen wäre, weil er angeschnallt war.

Am Tag darauf stand ich früh auf. Ich war völlig übernächtigt. Denn wegen anhaltender Alpträume war mein Schlaf nicht nur unruhig, sondern regelrecht turbulent gewesen. Mehrfach fand ich mich auf dem Boden vorm Bett liegend, weil ich beim wirren, aufgeregten Hin-und-her-Wälzen über die Bettkante gerutscht war. In den konfusen Traum-Ereignissen irrte ich durch endlose, dunkle Flure in halbzerfallenen Gebäuden, kämpfte mit wilden, bärtigen Gestalten, die auf Mundharmonikas finnischen Tango spielten, traf auf einen der sieben Zwerge aus Köln, der Jens ähnelte wie ein Ei dem anderen und wurde gar von Schneewittchen in die Sauna eingeladen – was, ehrlich gesagt, nicht das Schlechteste war. Es war eben alles zusammenhanglos, vertrackt und verworren.

Trotz der frühen Morgenstunde hörte ich es in der Küche rumoren. Dort stand meine Herzallerliebste, hatte eine Schürze über ihren Morgenrock gebunden und war damit beschäftigt, mehrere Kuchenformen einzufetten. Schließlich könnten wir nicht mit leeren Händen bei den Machtniks auftauchen – also habe sie sich entschlossen, einige Kuchen zu backen, verkündete sie. Für den Opa Karl habe sie einen besonders weichen, ohne Nüsse und dergleichen vorgesehen, weil der derartige Knabberprodukte mit Sicherheit nicht mehr kauen könne. Und für die Ottilie, das wisse sie, dürfe es nichts mit Mandarinen sein. Jens, Detti und ich dagegen, »ihr steht auf Käsekuchen, deswegen mache ich keinen.« Man ersieht aus diesen Planungen, meine liebe Ehefrau ist vorausschauend, gut informiert – und kann, wenn sie will, ziemlich boshaft sein. Da ich allerdings wahrheitsgetreu berichten möchte, muss ich jedoch zugeben, dass ich später beim Kuchensortiment auch einen Käsekuchen fand, einen ziemlich großen sogar …

An Claudias und Jens' Haus wehte, als wir eintrafen, eine große finnische Flagge. Claudia empfing uns. Auf meine Erkundigung, woher sie die Fahne hätten, verwies sie mich an Jens. Dieser Schelm, von mir befragt, grinste mich lediglich süffisant an und meinte: »Geheimnis!« Ich habe niemals herausfinden können, wie und von wo er in der Kürze der Zeit das Riesenbanner hergezaubert hatte. Klar, dass er mächtig stolz auf das Flattertuch war.

Das Wetter zeigte sich sonnig und warm, so dass Claudia und Jens entschieden hatten, die ›Konferenz‹ auf der Terrasse abzuhalten. Am langen Tisch saßen schon Lothar Gutermann, der überzeugte Single, an seiner Seite Berthold Ockelmenger, unser genialer Physiotherapeut, der, im genauen Kontrast zu Lothar, seit Langem – leider ergebnislos – nach einer Partnerin Suchende. Ihr Gesprächsthema war, wie stets bei unseren Zusammenkünften, das angeblich Großartige (Lothar) und das Trostlose (Berthold) der Ehelosigkeit. Glücklicherweise waren die Stühle rechts und links der beiden schon besetzt: Cornelius Buxenhammer saß neben Lothar, Alfons Koppert hatte an der Seite von Berthold Platz genommen. Wir wurden mit lautstarkem »Hallo!« empfangen, ich nahm den Stuhl neben Cornelius, der mich mit Handschlag begrüßte und meinte: »Ist ja ein dolles Ding, was der Matti da vorhat! Ich war vor zwei Jahren in Finnland, hab' damals bei der Päivi im Garten alles Mögliche gepflanzt!« Ich nickte, die Geschichte kannte ich auswendig, schließlich war Cornelius als Präsident vom Kleingartenverein ›Saftige Zwiebel‹ der Gewiefteste in Fragen der Pflanzenkunde – und er neigte dazu, dies auch gerne kundzutun. Den Stuhl neben mir hielt ich für meine Angetraute frei, die sich mit ihrem Kuchensortiment umgehend zu Claudia in die Küche abgesetzt hatte.

Kurz darauf trudelten Vreni und Jupp ein. Jupp trug eine Aktentasche unter dem Arm und seine bedeutungsvollste Miene zur Schau. Vreni schaute nur kurz auf die Sitzordnung der Versammlung auf der Terrasse. Sie ist mit außerordentlicher Beobachtungsgabe ausgestattet, sah daher sofort, dass ich die Handtasche meiner lieben Ehefrau als Platzhalter auf den Sitz an meiner Seite gelegt hatte.

Sie gab Jupp daraufhin einen Stoß. »Besorg' uns mal die beiden Plätze neben dem Ebo! Ich will neben seiner Frau sitzen!« Jupps Antwort wartete sie erst gar nicht ab, sondern retirierte umgehend zu den beiden Damen in Claudias Kochbereich.

Gehorsam reservierte Freund Jupp die zwei freigebliebenen Sitzgelegenheiten neben dem für mein Ehegespons belegten Stuhl, indem er seine Jacke auf dem einen und seine Aktenmappe auf dem anderen deponierte. Dann – ich konnte in letzter Sekunde die Handtasche meiner Liebsten retten - nahm er neben mir Platz. »Nur, bis die Frauen kommen!«, erklärte er mir und ergänzte mit Blick auf sein Diplomatenköfferchen: »Habe alles Wichtige dabei, auch 'ne Landkarte von Finnland!« Ich nickte anerkennend.

Wenige Minuten später traten Viivi und Detti auf den Altan, begleitet von Jens, der auf einem Tablett Kaffeegeschirr und Besteck balancierte. »Kuchen und Kaffee oder Tee gibt's gleich! Verteilt schon mal das Zeug hier«, tönte er, stellte das Servierbrett auf den Tisch und verschwand.

Viivi und Detti fanden leere Stühle uns gegenüber. Soeben wollten sie Platz nehmen, als die Haustürklingel erneut ertönte. Man hörte Tommis und Silkchens Stimmen, freudig und munter: »Hallo, Opa Karl! Hallo, Tante Ottilie!« Scheinbar haben die Kinder die beiden alten Herrschaften wirklich gern. Was, wie ich dann bemerkte, sicher nicht unerheblich mit der Tatsache zusammenhängen dürfte, dass bei jedem Wiedersehen ein kleiner Obolus zum Taschengeld für sie abfiel. Ist doch nachvollziehbar, oder? Sind wir sogenannten ›Erwachsenen‹ nicht genauso gestrickt?

Die versammelte Mannschaft erhob sich, als Opa Karl mit seinem Rollator in der Tür erschien, begleitet von Tante Ottilie, die trotz ihrer 80 Jahre noch ohne jegliche Gehhilfe flott unterwegs ist. Claudia, Vreni und meine finnische Lebensgefährtin, Fridolin, Jens und die Kinder vervollständigten die Abordnung. Opa Karl strahlte übers ganze Gesicht; ohne jeden Zweifel genoss er den Empfang.

Wie ich schon geschrieben habe, ist er geistig noch sehr rege. Lediglich das seit Jahren bestehende Handicap seiner Schwerhörigkeit beeinträchtigt oftmals die Kommunikation mit ihm und führt gerne zu Missverständnissen, die jedoch meist eher lustiger Natur sind. Und das Schöne dabei ist, dass der Senior der Familie, wenn er schließlich ›aufgeklärt‹ wird, über die

Komik der jeweiligen Situation selbst herzlich lachen kann. Im Stillen habe ich die Vermutung, der alte Herr macht sich nicht selten einen Spaß daraus, bewusst verquere und bizarre Verständnisprobleme heraufzubeschwören.

Claudia und Jens hatten für den Familienältesten einen bequemen Lehnstuhl am oberen Tischende auf der Terrasse aufgestellt. Opa Karl nahm Platz, lehnte sich gemütlich zurück und musterte die Runde. »Dich kenn' ich!«, tönte er, als er mich entdeckte. »Du bist doch der mit den Büchern. Schreibste immer noch so'n Zeug, von Schweden und so?« – Jens ließ sich hören: »Von Finnland, Opa Karl!« »Was?« – »Von FINNLAND, nicht Schweden!« – »Na und? Ist doch egal. Jedenfalls schreibt er.« Jetzt erblickte er die Handtasche auf dem Stuhl neben mir, denn Jupp hatte beim Eintreffen der Gruppe seinen Platz gewechselt. Die Damenhandtasche sehen, darauf deuten und grinsen war eins. »He, Büchermensch, haste da dein Schreibzeug drin?« Ich schüttelte meinen Kopf. »Nein, Opa Karl, die gehört meiner Frau.« – »Was?« – »Die ist von MEINER FRAU!« Der Senior wandte sich an Jens. »Was sagt der?« – »Die gehört SEINER FRAU!« Opa Karl murmelte etwas, das wie »Handtäschchen ... hat bestimmt auch Parfüm und so'n Kram drin« klang und warf mir einen gespielt misstrauischen Blick zu.

Claudia griff ein. »Opa Karl, guck mal, die Ottilie sitzt neben dir, da könnt ihr euch gut unterhalten!« – »Was?« Ottilie legte ihre Hand auf seinen Arm. »Ich sitze hier, Karl. Neben dir!« Opa Karl blickte irritiert auf ihre Hand. »Was machste'n da, Otti? Vor all den Leuten?! Mir zwei sind doch nicht verbandelt!«. Tante Ottilies Gesicht überzog eine zarte Röte. Rasch zog sie ihre Hand zurück. »Ich wollte dir nur zeigen, dass ich neben dir sitze«, murmelte sie schüchtern. »Was?« Claudia: »Sie wollte dir nur zeigen …« – »Ei, das seh' ich doch! Otti, lach mal!«

Er wandte sich dem aufmerksam lauschenden Publikum zu. »Die Otti hat nämlich 'nen Goldzahn. Stimmt's Otti? Jetzt lach doch mal, Otti. Die kann so goldig lachen, wegen dem Goldzahn!« – Tante Ottilie wurde nun doch etwas ungehalten. »Karl, hör' mit dem Unsinn auf!« – »Was?« – »Sei endlich still, Karl. Das ist ja peinlich!« – »Was?« – »Du sollst still sein!« – »Was?« – »HALT ENDLICH DEN MUND, KARL!«

Opa Karl schüttelte indigniert seinen Kopf. »Die Otti, die Otti. Wie alt biste eigentlich, Otti?« Das war seine Standardfrage bei jedem Treffen. Tante Ottilie antwortete nicht, sondern drehte ihren Kopf zu Fridolin, der neben ihr saß. »Fridolin, mach' doch mal was. Kannst du nicht mal irgendwas spielen, auf deiner Mundharmonika, um ihn zu bremsen?« Opa Karl hatte aufmerksam zugehört. Die gesamte Mannschaft wartete auf das obligatorische »Was?«, aber das kam nicht. Man vernahm stattdessen: »Jou, Frido, spiel' mal was auf deinem Blasorchestrion!« War das nun Zufall? Oder hatte Opa Karl es bewusst darauf angelegt zu verraten, dass er die Äußerung seiner Cousine verstanden hatte?

Fridolin wurde rot. Offensichtlich war er unsicher, ob die jetzige Gelegenheit zur musikalischen Darbietung die richtige war. Opa Karl meinte ungeduldig: »Jetzt blas' mal was, Frido. Früher haste doch auch immer Ziehharmonika gespielt!« Ach ja, wieder das alte Streitgespräch zwischen ihm und Fridolin. Seit Jahren wiederholen sie diese Geplänkel. So auch jetzt. »Nicht Ziehharmonika, Opa Karl. Das weißt du doch. Mundharmonika!« – »Was?« – »MUNDHARMONIKA! Das weißt du doch!« – »Jou, aber jetzt spiel' mal!« Nun ließen sich alle Anwesenden hören: »Spiel' mal, Fridolin!« – »Auf, Fridolin!« –

»Leg' los, Mann!« – »Spiel' mal 'nen Boogie-Woogie!« – »Oder ›Mein kleiner grüner Kaktus‹ ...«. Alles rief durcheinander.

Fridolin, dem Druck nachgebend, angelte seine Mundharmonika aus dem Etui, Opa Karl benetzte die Lippen. Es war unverkennbar: Er beabsichtigte mitzusingen. »Richtig laut blasen, Fridolin!« Das war Jens, der natürlich auch seinen Senf dazugeben musste.

Die noch abwartend Stehenden eilten zu ihren Plätzen, Silkchen und Thomas flüchteten ins Obergeschoss in ihre Zimmer. Ich lehnte mich zurück, um das anstehende Konzertereignis genießen zu können. Auch die restlichen Versammlungsteilnehmer schauten erwartungsvoll auf Fridolin. Der entlockte seinem Instrument virtuos einzelne Töne, vermutlich als Einstimmung auf das bevorstehende Ereignis.

Das Ganze dauerte Opa Karl zu lange. Er holte tief Luft und intonierte mit erstaunlich kräftiger Altmännerstimme »Ich liebte einst ein Mägdelein ...«, was nicht nur Tante Ottilie leichte Schamröte ins Gesicht trieb. Jetzt hielt Fridolin mit Macht dagegen und blies, dass seine Augen hinter den roten Backen verschwanden. Tatsächlich hatte er Erfolg: Opa Karl ließ das Singen sein und dirigierte stattdessen die Mundharmonikamusik im Takt. Es war, wie sicher vorstellbar, ein ergötzliches Geschehen.

Nach Beendigung der Darbietung verneigte sich Jens' Cousin vor der Zuhörerschaft und verlangte: »Jetzt aber endlich mal Kaffee und Kuchen!« Mit diesem Begehr entsprach er dem Wunsch aller Anwesenden.

Während aufgeladen und eingeschenkt wurde, konzentrierte ich mich nochmals auf Tante Ottilie und Opa Karl, denn: Ich vermisste noch den Abschluss des üblichen Frage-Antwort-Spiels zum Alter von Ottilie. Und richtig, ich hörte Opa Karls

Stimme: »Also, Otti, nun sag' mal, wie alt biste denn?« – »Das weißt du genau, Karl!« – »Nee! Sag' mal!« – »80!« – »Was?« – »ACHTZIG!« – »Siehste, Otti, biste im besten Alter!«, meinte Opa Karl, schmunzelte verschmitzt und stieß seine Kuchengabel energisch in das Sahnetortenstück auf seinem Teller.

Die Runde widmete sich nun für einige Zeit hingebungsvoll dem Verzehr von Kuchen und dem Genuss von Tee und Kaffee. Daher plätscherte die Unterhaltung leicht und unbeschwert dahin, bis auf ein kurzes Geplänkel zwischen Jens und Jupp, die sich nicht einigen konnten, wer letztlich die Planung der Finnlandtour zur jeweiligen Chefsache machen durfte. Jens fühlte sich hierfür prädestiniert, denn »schließlich bin ich als Allerwertester bei Matti gewesen!« Folge: allgemeine Heiterkeit in der Runde. Erfreulicherweise ist der Bursche in der Lage, über sich selbst zu lachen. Er griente daher mit und verbesserte sofort: »Ich meine natürlich ›Allererster‹! Ihr seid alle Spinner, wisst ihr das?!«

Opa Karl, sehr ungehalten, weil er nichts verstand und nicht wusste, ob er lachen durfte, intervenierte: »Was ist? Was sagt der Jens? Warum lacht ihr, he?« Detti versuchte zu erklären: »Haben Sie's nicht gemerkt, Opa Karl? Er hat sich doch versprochen!« – »Was?« Jetzt kam die Antwort unisono von allen: »Der Jens hat sich FALSCH AUSGEDRÜCKT!« – »Also sowas! Ich hab' nichts gerochen. Schäm dich Jens, vor allen Leuten!« Die ausufernde Heiterkeit nach dieser Bemerkung ist sicherlich nachvollziehbar Dies wiederum wurde von Opa Karl mit Wohlwollen registriert.

Jupp unternahm nun seinen Konterversuch. »Hat gar nichts zu sagen, Jens! Ich und die Vreni (wundert sich jemand beim Lesen über die Reihenfolge?) waren schon zweimal da. Zweimal!«

Jetzt schalteten sich die Teilnehmerinnen der Konferenz ein, Claudia, Viivi, Vreni und meine Ehefrau. Gemeinsam stellten sie klar: »Ohne uns geht hier gar nichts! Es ist doch völlig klar, dass ein Großteil der ganzen Geschichte an uns hängen bleibt! Also macht mal halblang!«

Diese energische Zwischenrede bewirkte tatsächlich schweigendes Abwarten der Männerriege. Bis schließlich Detti meinte: »Mich würde an erster Stelle Folgendes interessieren: 1. Wer von den hier Anwesenden ist denn ernsthaft entschlossen, mit nach Finnland zu kommen? 2. Wann soll die Hinreise, wann die Rückreise sein? 3. Wie lange wollen wir dort sein? Und dann: Es muss einen Verbindungsmann oder eine Verbindungsfrau zu Matti und Päivi geben, um die nötigen Dinge, wie Unterbringung und solche Sachen zu klären und zu vereinbaren. Und dafür schlage ich Ebo und seine Frau vor. Die kennen Matti und Päivi am längsten und am besten.«

Die Versammlung stimmte ›per Akklamation‹ zu, nachdem wir beide unser Einverständnis zu dieser Aufgabe erklärt hatten. Zudem bestätigten alle, dass sie selbstverständlich mitfahren wollten. Alfons Koppert meinte, er werde Michael Jurdermann für die Zeit seines Finnlandaufenthaltes die Leitung seines Reifenhandels übertragen. »Der Michi hat bei mir gelernt und kann das.« – »Aber was ist mit deiner Bürgermeisterstelle?«, tönten die anwesenden Bewohner des Dörfchens, in dem ich wohne. »Ach das«, Alfons zuckte mit den Schultern, »meine Amtszeit endet sowieso in zwei Monaten. Und nochmal mach' ich das nicht.« Opa Karl meldete sich: »Was?« Doch diesmal drang er nicht durch. Er wollte sein ›Was?‹ daraufhin nochmals anbringen, doch Tante Ottilie zog die Stirn in Falten und legte den Zeigefinger auf ihren Mund. Da schwieg er gehorsam.

Lothar, als Tankstellenbesitzer in gewissem Sinne im selben

Metier wie Alfons tätig, wollte nun über die Bürgermeisterfrage und die Nachfolge diskutieren, wurde aber von Jens, Detlef und mir ausgebremst. Immerhin saßen wir wegen ganz anderer Themen hier zusammen.

Es würde zu weit führen, die gesamte Diskussion, die Argumente und Gegenargumente, das Geschwafel und die Selbstinszenierungen, die ausufernden nochmaligen zweiten und dritten Darlegungen des zuvor schon ausführlich Besprochenen hier zu schildern. Alle, die an entsprechenden Debatten schon einmal teilgenommen haben, wissen über diese Gesetzmäßigkeiten Bescheid.

Ich möchte mich daher auf die Zusammenfassung der Ergebnisse beschränken.

Es wurde vereinbart, dass Familie Machtniks, Fridolin, Vreni und Jupp sowie meine Lebensgefährtin und ich gemeinsam in einem Kleinbus fahren sollten. Alfons Koppert, Berthold Ockelmenger, Lothar Gutermann und Cornelius Buxenhammer wollten per Pkw unserem Kleinbus folgen. So würden wir in Finnland für Einkäufe und ähnliche Unternehmungen einen eigenen Personenwagen zur Verfügung haben und nicht immer den Bus benutzen müssen. Viivi und Detti wollten fliegen, weil sie in Suomi einen Kleinwagen untergestellt haben, den sie dort während ihrer Aufenthalte immer nutzen.

Ich wurde beauftragt, mit Matti und Päivi zu klären, wo alle wohnen könnten und verköstigt würden. Als Termin für die Hinreise einigten wir uns auf den Ferienbeginn, Familie Machtniks plus Fridolin und die vier vom Pkw wollten etwa drei Wochen bleiben, anschließend gemeinsam mit dem Bus zurückfahren, während Vreni, Jupp und meine Göttergattin sowie meine Person später mit dem Pkw zurückkommen würden, weil wir länger bleiben konnten.

Ja, es liest sich komplizierter als es war, aber ich kann schon jetzt verraten: Es funktionierte, zumindest organisationstechnisch.

Die exakten Reisetermine sollten also meine finnische Lebensgefährtin und ich mit Päivi und Matti abmachen. Standen diese fest, sollte es das nächste Treffen bei Claudia und Jens geben.

Tante Ottilie hatte trotz der langwierigen Verhandlung ebenso wie Opa Karl bis zum Schluss durchgehalten. Dabei hatte sie den Wunsch geäußert, ebenfalls mit nach Finnland zu kommen. Und, wie nicht anders zu erwarten, verlangte daraufhin auch Opa Karl, mitgenommen zu werden (Opa Karl: »Was?« Tante Ottilie: »Ich möchte mitfahren nach Finnland.« »Was?« »Ich möchte AUCH NACH FINNLAND!« – »Bist noch viel zu jung, Otti, mit deinen 70 Jahren!« – »80!« – »Was?« – »ACHTZIG! – »Eben!«). Die mit dieser Reise verbundene Schiffspassage von Travemünde nach Helsinki schreckte beide nicht. Im Gegenteil, so bot sich für Opa Karl die willkommene Gelegenheit, seine Lieblingsanekdote an den Mann zu bringen: Seine früheren Segeltörns mit seiner inzwischen verstorbenen Ehefrau Mathilde »immer quer rüber übern Sund.«

Es bedurfte langwieriger Diskussionen mit vielen ›Was?‹, bis die beiden sich, wenigstens für den Moment, umstimmen ließen. Wobei gesagt werden muss, dass Tanta Ottilie wesentlich einsichtiger war als Opa Karl, der immer wieder auf seine Segelerfahrungen verwies. Letztlich aber gelang es, auch ihn von dieser Idee abzubringen, wenn auch anfangs nicht auf Dauer, wie wir noch sehen werden.

04 Ein Spaziergang mit Eduard Öpperdick und erholsame, ruhige Tage.

Die Tage gingen ins Land, die Anfrage an Päivi und Matti war längst per eMail erfolgt, Matti hatte mir kurz geantwortet:

»*Moi!* Heute deiniges Mail bekommen. Und mit *posti* Rechnung für Schulhäuschen. Päivi mit nerviges Zusammenbruch in unserem Schlummerzimmer. Muss ich trösten. Hat sie aber großen Glück, hat klugen, zartgefühligen Ehemann. Schreibe ich später zu dir, wenn Ehefrau wieder Besinnungsgeeignet. Matti«

Als ich meine teure Lebensgefährtin über Mattis Mail informierte, zeigte sie Anzeichen der identischen Gemütsreaktion wie Päivi. Ich konnte sie aber emotional auffangen, indem ich ihr in Erinnerung rief, dass nicht ich, sondern der finnische Chaot das Schulareal erworben hatte. »Zudem«, führte ich aus, »ist Päivi durch langjährige Erfahrung mit ihrem Ehemann bestimmt entsprechend abgehärtet und wird sich rasch erholen. Ich mach' mir, ehrlich gesagt, fast mehr Sorgen um Matti: Ob Päivi ihn ohne tiefgreifende körperliche Blessuren aus der Nummer entkommen lässt ...«

Meine Liebste holte tief Atem. Das gebe ihr Hoffnung, meinte sie. Und als ich nachfragte: »Was jetzt genau?«, antwortete sie prompt: »Dass Päivi ihn einen Kopf kürzer macht, natürlich! Was hast denn du gedacht?!«

Inzwischen waren wieder einige Tage verstrichen, ohne dass neue Nachrichten aus Finnland eingetroffen wären. Jupp stand allmorgendlich um 6.30 Uhr vor der Haustür, klingelte Sturm und erkundigte sich nach dem Stand der Dinge. Jens Machtniks verhielt sich etwas zurückhaltender, denn er rief meist erst jeweils mittags und nochmals abends gegen 22 Uhr an, mit selbigen Fragen. Alfons Koppert, unser Noch-Bürgermeister, hatte die Gemeindesekretärin beauftragt, sich regelmäßig, mindestens einmal pro Tag, kurz nach ihrer Mittagspause, per Telefon bei mir zu erkundigen, ob's etwas Neues gäbe. Zudem hatte er, wie sie mir anlässlich eines dieser Telefonate erzählte, veranlasst, dass im Gemeindeblättchen eine Nachricht abgedruckt wurde, er werde nicht mehr als Bürgermeister kandidieren, da er ab Sommer auf unbestimmte Zeit im Ausland, genauer: in Finnland, weile.

Anders ausgedrückt: Die Mitglieder der ›Reisegruppe Matti‹ standen so ungefähr Gewehr bei Fuß und wären am liebsten sofort nach Finnland aufgebrochen. Ich mailte daher nochmals meinem alten Freund und schilderte ihm, welche Aufruhr seine Nachricht in unserer hiesigen kleinen Welt ausgelöst hatte. Ihn direkt anzurufen traute ich mich nicht, wusste ich doch nicht, in welchem geistigen und/oder körperlichen Zustand er nach der gewiss erfolgten Aussprache mit Päivi war.

Nachdem ich diese Nachricht abgesetzt hatte, schaltete ich meinen PC aus, ebenfalls mein Smartphone. Das Wetter lockte zum Spazierengehen, und ich beschloss, einen längeren Gang durch die naheliegenden Wälder und Auen zu unternehmen. Auf diese Weise hoffte ich, für die Finnland-fanatischen, ungeduldigen Konsorten wenigstens einige Stunden nicht erreichbar zu sein.

Meine Angetraute hatte mir schon während des Frühstücks verkündet, sie werde für den gesamten Tag in die Kreisstadt flüchten. Dort gebe es allerlei zu tun: Die Warenhäuser nach Klamotten zu durchstöbern, auf dem Wochenmarkt die Qualität der Salatköpfe zu begutachten, diverse Cafés aufzusuchen. Notfalls wäre sie sogar bereit, auf dem Fluss, der die Stadt durchfließt, Tretboot zu fahren, wenn sie durch diese Maßnahme wenigstens kurzzeitig mal Ruhe fände. Ich hatte diese Darlegungen als Alberei verstanden, aber Pustekuchen! Nachdem sie ihr echt finnisches Haferbrei-Schüsselchen und die Teetasse geleert hatte, verschwand sie wahrhaftig umgehend. Und, das kann ich schon an dieser Stelle verraten, bei ihrer Rückkehr am Abend legte sie mir wirklich, lässig grinsend, ein Billett vor, aus dem zu ersehen war, dass sie ein Tretboot gemietet hatte. Die diversen Einkaufspakete, die sie mitbrachte, wollte ich eigentlich gar nicht erwähnen …

Der absolute Glanzpunkt und die Krönung ihrer Errungenschaften war ein Buch, das sie, wie sie berichtete, in der ›Akademischen Buchhandlung‹ erstanden hatte: ›Kompendium führender Persönlichkeiten der finnischen Kultur und Subkultur‹, Herausgeberin: Siglinde Schnatterer. Darin hatte sie im Laden gestöbert und beim Buchstaben ›M‹ entdeckt: ›Matti‹.

»Und stell' dir vor: Unter all den finnischen Mattis finde ich auch unseren spinnerten Freund. Mit Lebensdaten und Werdegang und einigen Angaben unter der Rubrik: Besonderes. Da steht: »Multitalent, spricht mehrere Sprachen, mehrfach Gegenstand humoristischer, in Deutschland erschienener Bücher.« Sie strahlte mich an. Ich konnte es kaum glauben, aber als sie mir das Werk zeigte, fand ich ihre Angaben bestätigt. Kein Wunder, dass sie es sofort gekauft hatte.

Nun zurück zu meinem Spaziergang durch heimische Gefilde.

Ich schlüpfte in meine Galoschen, zog meinen Parka an, stülpte die Kapuze über den Kopf und linste vorsichtig durch den Spion in der Haustür, um mich zu vergewissern, dass die Luft rein war. Außer einer einsamen Katze, die fuchsgleich durch die Straße schnürte, entdeckte ich kein Lebewesen.

Die Tür öffnen, hastig nochmals nach links und rechts wittern (niemand in Sicht) Türe zuziehen und blitzesschnell um die nächste Ecke biegen, war eins. Ich frohlockte: Geschafft. Oder?

Kaum hatte ich die erwähnte Ecke hinter mir, war vielleicht zwei Schritte gehastet, als ich gegen etwas Weiches prallte.

Ich blickte auf: Da stand Eduard. Eduard Öpperdick. Zwar kein Teilnehmer des geplanten Finnland-Projektes, aber immerhin unser berufsmäßiger Dorfrentner. Und das Nachgiebig-Weiche, gegen das ich soeben angerannt war, war sein gepflegter Speckgürtel.

Wie immer war Eduard adrett gekleidet: in grauen Gabardinehosen, gleichfarbigen Socken und einem blaukarierten kurzärmeligen Hemd. Sein Filzhütchen saß, wie es sich bei ihm gehörte, keck auf dem rechten Ohr. Zwanglos auf seinen Spazierstock gestützt, stand er da. Ich bin absolut sicher, dass er nur auf mich gewartet hatte.

Eduard nickte mir freundlich zu. »Is' ja 'n Zufall«, tönte er schmunzelnd und musterte mein Outfit. »Wollte eben ein Stückchen laufen geh'n, zur Erholung, weißt du.«

Herr Öpperdick duzt alle und jeden; Alfons erzählte beim Stammtisch mal, dass kurz vor der letzten Wahl der Ministerpräsident unseres Landes mit umfangreicher Entourage im Dorf erschien, weil er die neue Kläranlage inspizieren wollte. Die gesamte Hautevolee des Ortes hatte sich am Klärbecken versammelt, um sich mit der Führungsriege des Landes fotografieren zu lassen. Auch Eduard Öpperdick stand parat, ließ es sich nicht nehmen, seinen Arm um den Regierungschef zu legen und ihm, als es ans Fotografieren ging, mit erhobener Stimme den Rat zu erteilen: »Jetzt musste lächeln!«

Das Ereignis ist verbrieft, zumal das Foto tatsächlich im Gemeindeblättchen und auch in der Kreiszeitung erschien. Ob es zu einem Erfolg hinsichtlich der Wählerstimmen für die Partei des umarmten Politikers beigetragen hat, entzieht sich jedoch meiner Kenntnis.

Ganz selbstverständlich marschierte Eduard neben mir her, als ich Richtung Ortsausgang loszog. Angelegentlich erkundigte er sich nach meinem Wohlbefinden, meinem aktuellen Körpergewicht, wobei er mich kritisch musterte, nach meinen weiteren Lebensplänen, insbesondere, wann ich endlich mit dem Bücherschreiben aufhören und anständig mein Geld verdienen würde und allerlei mehr.

Auf meine wiederholten Fragen, ob er nicht zu Hause oder im Dorf einiges zu erledigen habe, reagierte er entweder mit »Nö« oder überhörte mich schlicht. Es gelang mir auch nicht, ihn durch Tempovariationen beim Laufen abzuhängen. Begann ich zu schleichen wie eine Schnecke, schlich Eduard im Schneckentempo mit. Legte ich eine Geschwindigkeit vor wie ein Rennpferd, raste er mit der gleichen Schnelligkeit parallel. Und wer als erster nach Luft rang und zu kollabieren drohte, war: ich.

Dabei plapperte er ununterbrochen weiter, versuchte mich einzulullen, erzählte sämtliche Neuigkeiten und ›Altigkeiten‹ der Dorfgeschichte, bis sich mir alles im Kopf drehte. Dabei schoss er geschickt in dieses Wortgemenge immer mal eine Frage nach dem Stand der ›Finnland-Angelegenheit‹ ein, auf diese Weise alle gewünschten Informationen aus mir herauslockend. Das Ergebnis war, dass er, so mein Eindruck, besser als ich selbst über Mattis Errungenschaft, die damit verbundenen Probleme nicht nur baulicher, sondern auch familiärer Art, die Reisepläne und den Teilnehmerkreis der Baumannschaft und darüber hinaus auch über meinen Bankkontostand sowie meinen Lebenslauf Bescheid wusste als ich selbst.

Auf meine Bitte hin, all das für sich zu behalten, schwor er Stein und Bein, sein Wissen mit ins Grab zu nehmen, falls er irgendwann mal das Zeitliche segnen müsse. Sprach's, verabschiedete sich, da wir soeben meine Haustür erreicht hatten und steuerte schnurstracks die Dorfkneipe an, »zum zweiten Frühstück«, wie er beim Weggehen äußerte. Ich zog mich erschöpft in unser Heim zurück, legte mich aufs Sofa und grübelte darüber nach, wie der Filou mich übertölpelt hatte.

Viel Zeit für eine Erholungspause blieb mir nicht. Ich mochte vielleicht eine Viertelstunde meditativ auf der Chaiselongue zugebracht haben, da klingelte auch schon das Telefon. Jens Machtniks war am anderen Ende der Leitung.

»Ich ruf aus dem Büro an, deswegen nur ganz kurz: Gibt's was Neues?« Ich verneinte, berichtete aber, dass ich Matti heute nochmals angemailt hatte. »Wieso meldet dieser Matti sich nicht? Hast du auch die richtige Mailadresse? Ich mein' nur, da kann man sich ja auch leicht mal vertippen.« – »Jens, die ist bei mir abgespeichert; da gibt's kein Vertippen!« Jens blieb störrisch. »Vielleicht hast du sie falsch abgespeichert. Kann doch ...« Ich legte auf. Zehn Sekunden später klingelte es erneut: Jens Machtniks. »Da war wohl 'ne Störung. Ich wollte nur noch sagen, dass ich heute Abend nochmal anrufe.« – »Gut, dass du's mir sagst, Jens. Hätte es sonst womöglich nicht bemerkt!« Ich hängte wieder auf.

Ich beschloss, die Zeit sinnvoll zu nutzen, in der ich alleine zu Hause war. Schon seit langem hatte ich geplant, meine Sammlung finnischer, deutscher und weiterer internationaler Streichholzschachteln neu zu sortieren. Es gibt da wunderschöne Motive, und ich liebe meine Kästchen innig. Jedoch: Sieht meine Angetraute mich damit hantieren, dann tritt ein bedrohliches Glitzern in ihre Augen, und sie verlangt stets, ›das

Zeug‹ endlich zu benutzen. Sie besitzt eben kein Gefühl für die Ästhetik dieser Kartönchen. »*Hullu* (Spinner)«, ruft sie dann aus, »Streichhölzer sind zum Benutzen da!« Ja, ja, so ist das Leben.

Es mag wohl sein, dass die drei deckenhohen Wandschränke, in denen ich diese kleinen Kistchen aufbewahre, sinnvoller für die Bücher genutzt würden, die sich auf, unter und neben meinem Schreibtisch stapeln. Oder auch zur Einlagerung der nach Tausenden zählenden Dank- und Anerkennungsschreiben für meine schriftstellerische Arbeit: Die habe ich bisher unter meinem Bett verstaut. Aber es würde mir sicherlich schlaflose Nächte bereiten, müsste ich meine Sammlung von Zündholz-Briefchen und -Schächtelchen, über Jahrzehnte aufgebaut, verlagern. Momentan ging es mir lediglich darum, den Bestand neu zu ordnen.

Ich hatte soeben etwa 300 der Raritäten in unserem Wohnzimmer auf unserem Couchtisch und weitere 400 auf den Sesseln verteilt, ordentlich nach Motiven geordnet, als das Telefon erneut klingelte. Ich machte große Schritte, um über die Schachteln hinwegsteigen zu können, die ich in diversen Türmen auf dem Fußboden zwischengelagert hatte. Dennoch nahm es etwas Zeit, bis ich zum Apparat gelangte, den ich aus Platzmangel auf der Arbeitsplatte in der Küche abgelegt hatte.

Endlich hielt ich das Gerät in der Hand. Ein Knopfdruck und ich war mit dem Anrufer verbunden. Ich vernahm mürrisches Brummen, unterbrochen von *»voi, voi, voi!«* Im Deutschen würde das in etwa einem ›Mannomann‹ entsprechen. Aha! Matti!

»*Hallohallo! Missä olit*?!« Auf Deutsch: »Hallohallo! Wo warst du?«

»Hallo, Matti! Ich bin am Arbeiten. Konnte deswegen nicht

sofort ans Telefon. Gut, dass du anrufst. Die Leute, denen du geschrieben hast, warten auf Nachricht von dir!« – »Weiß ich. Hast du geschickt Mail.« – »Und wie geht es Päivi?« – »*No niin* ... Ist sich wieder besser. Hat bekommen Nervenspritze. Ist darum dauernd am Lachen. Hörst du?«

Anscheinend hielt er das Telefon jetzt irgendwie in Richtung Päivi, denn ich vernahm entferntes Gelächter. Dann ließ mein finnischer Kumpel sich wieder hören: »Sind sich noch andere Weiblichkeiten hier. Trinken Kaffee und lachen über schulisches Gebäude!« Matti klang erbost, als er dies erzählte. Ich ging nicht näher auf seine üble Laune ein, sondern unternahm den Versuch, das Gespräch auf die von ihm angeforderte Unterstützung bei seinen Baumaßnahmen zu lenken. »Die Leute hier bei mir warten auf Nachricht, Matti. Wir müssen ja auch die Schiffspassage buchen. Und die Autos und so weiter!«

»*No niin.* Weiß ich alles! Bist du kleines dummes Hühnchen! Schreibe ich dir heute oder morgen alles genau! Jens und Claudia können wohnen hier, auch alle, alle Leute. Auch essen und alles. Gibt es auch herrliches Küche hier in Schule. Muss ich nur bekommen Strom von Leitung. *No niin*, krieg' ich aber. Kinderlein können spielen im See. Schreibe ich genau. Könnt ihr alle bleiben ganzes Sommer, wenn ihr wollt. Kommen auch noch finnische Freunde, helfen bei bauliches Arbeit. Juu ... Und haben wir eigenes Sauna an See!« Die Schilderung dieses Paradieses schien seine Laune zu heben. Ich allerdings war nicht so sicher, ob die grandiose Beschreibung tatsächlich zutraf ...

Matti schwelgte anschließend noch in weiteren Superlativen: Die Lage war einzigartig, der Zustand des Grundstücks und der Gebäude hervorragend. Erfreulich fand ich: Neben dieser Schwärmerei waren auch seine Begeisterung und seine Vorfreude auf den Besuch der Deutschen spürbar.

Nach zahlreichen weiteren *»No niin«* beendeten wir das Telefonat. Matti versprach nochmals, umgehend nähere Angaben zu den Fragen zu schicken, die anstanden.

Nachdem das Telefonat mit meinem finnischen Freund beendet war, spähte ich kurz aus dem Fenster. Nein, meine Liebste aller Lieben war noch nicht in Sicht. In Windeseile raffte ich meine Zündholz-Raritäten zusammen und verstaute sie wieder in den Schränken. Das ganze Sortieren war also für die Katz gewesen. So geht es eben oft, wenn wir Männer mal ernsthaft arbeiten wollen. Sei es das Katalogisieren von Streichholzschachteln, sei es eine Bestandsaufnahme der Nägel und Schrauben im Keller, seien es andere schlechterdings elementar wichtige Angelegenheiten: Obgleich wir schon von Natur aus zielstrebig und ergebnisorientiert machen und tun, es kommt meist nichts Rechtes dabei heraus. Die Gründe, die stehen in den Sternen.

Ich hatte die Schranktüren kaum geschlossen, da vibrierte mein Handy in der Jackentasche. Ach ja, ich hatte es fast vergessen, es war ja die Zeit der Gemeindesekretärin. Ich las die Nummer: Nein, das war nicht die besagte Verwaltungsoberste, die Nummer gehörte dem ebenso genialen wie ambitionierten Musikus Fridolin.

»Hallo Fridolin, was gibt's?« – »Gut, dass ich dich erreiche! Wie geht's dir? Stör' ich?« Der Mundharmoniker wartete meine Antwort gar nicht ab. »Ich rufe an wegen der Finnlandreise. Bei Jens wurde doch beschlossen, dass von der Reisegruppe neun Leute im Kleinbus fahren sollen. Wir haben aber nicht drüber geredet, welcher Bus das sein soll. Jetzt befürchte ich, dass ihr, du und die anderen, mit meinem Bus fahren wollt. Das geht aber nicht, der ist zu alt. Deswegen rufe ich an, damit du das weißt.« Er klang sehr besorgt; ich vermutete und vermute immer noch, dass er in Wirklichkeit noch die Erlebnisse mit seinen Verwandten vor einigen Jahren im Kopf hatte. Damals war so einiges während der Fahrt mit seinem Gefährt nach Finnland schief gegangen, insbesondere, wenn Jens Machtniks am Steuer gesessen hatte. Seine aktuelle Besorgnis verwunderte mich daher nicht. Bestimmt hatte der liebe Bursche einige unruhige Nächte wegen dieser beunruhigenden Vorstellung hinter sich.

Ich halte in meiner Stimme einen explizit beruhigenden, sonoren Unterton für derartige Situationen bereit. Den schaltete ich jetzt zu und wählte darüber hinaus eine besonders gepflegte Ausdrucksweise, adäquat zu Fridolins Anliegen: »Habe keine Sorge, mein lieber Freund. Es ist mir durchaus bewusst, dass dein Personentransportmittel für diese Reise nicht in Frage kommt!« Ich war sicher, dass ich Fridolins Befürchtung so zerstreuen konnte und wurde auch umgehend in dieser Annahme bestätigt: »Wieso redest du so seltsam und mit so 'ner seltsamen Stimme?«, tönte es aus dem Handy. »Ich?«, fragte ich unnötigerweise. »Na klar, wer sonst?« Ich kuppelte meine Sonderstimme aus: »Wollte dich nur beruhigen, Fridolin. Jedenfalls habe ich nicht vor, mit deinem Bus zu fahren. Und garantiert wollen das auch die anderen nicht.«

Ich hörte den Musikus tief und erleichtert durchatmen. »Gut, dann bin ich beruhigt. Hast du schon was von Matti gehört?« Ich schilderte ihm das Telefongespräch mit Matti von vorhin. »Warten wir ab. Ich sag' ja dir und allen Bescheid, sobald ich mehr weiß.«

Ich beendete unser Gespräch, denn ich hörte, wie ein Auto vor unserer Garage hielt. Kam meine Göttergattin entgegen ihrer Voraussage schon jetzt zurück?

Beim Blick aus dem Fenster war ich kurzzeitig versucht, unseren Haustürgong zu überhören. Denn wen entdeckte ich? Jens Machtniks natürlich, wie zu erwarten.

»Nun ja«, sagte ich zu mir selbst, »im Grunde genommen wusstest du doch, was da auf dich zukommen würde, als du dich bereit erklärt hast, Kontaktperson zwischen dem Chaoten Matti und dem Chaotenclub hier bei uns zu sein! Was und mit wem also, du Oberchaot, haderst du?« Unter diesen weisen, besinnlichen Gedankengängen öffnete ich die Haustür.

Jens Machtniks schaute mich prüfend an. »Du siehst so müde aus«, konstatierte er, »habe ich dich geweckt?« – »Weil«, fügte er freundlich hinzu, »ich weiß doch, dass du um diese Zeit immer schläfst!« Kommentarlos winkte ich einzutreten und gab den Weg ins Wohnzimmer frei. Freund Machtniks nahm Platz, wobei er zu meiner besonderen Freude unter »Oh, hoppla! Na, waren ja zum Glück nur Zündholzkästchen!« drei meiner schönsten und wertvollsten Streichholzschachteln platt drückte, die ich auf dem Sessel vergessen hatte. Und ich konnte nicht mal was sagen, schließlich war ich es selbst gewesen, der die Dinger dort hatte liegen lassen. Daher nahm ich die Überreste und warf sie wortlos in den Abfalleimer.

»Ich will dich nicht lange aufhalten, Ebo, kannst gleich weiterschlafen. Wollte nur fragen, ob's was Neues gibt. Von Matti meine ich.« Ich berichtete kurz von dem Gespräch mit meinem finnischen Freund, vergaß auch nicht Fridolins eindringliche Bitte, nicht auf sein Bus-Vehikel als Reisegefährt zu spekulieren. »Diese Klapperkiste!?«, Jens war richtiggehend empört. »Als wir damit in Finnland waren, gab's am laufenden Band Probleme! Ich musste zigmal eingreifen und reparieren, weil wir ständig liegenblieben!«

Ich überlegte, ob ich ihm in Erinnerung rufen sollte, wie häufig diese ›zigmal‹ durch seine Fehlleistungen entstanden waren, unterließ es aber, da ich wusste, das würde zu endlosen Diskussionen mit ihm führen. Denn das Bewusstsein für eigene Schnitzer ist bei Jens Machtniks recht unterentwickelt, oh ja, leider.

Obwohl ich, bezugnehmend auf seine Äußerung betreffend ›weiterschlafen‹, ostentativ mehrmals abgrundtief gähnte, versank Jens in ausufernde Schilderungen seiner umfangreichen Überlegungen zur Thematik ›Finnland-Reise‹. Dazu lehnte er sich, Schritt Nr. 1, gemütlich im Sessel zurück, schlug die Beine übereinander, verschränkte die Arme und zog schließlich ein Bündel zusammengehefteter Papierbögen aus seiner Tasche. »Ich hab' mir mal ein paar Notizen gemacht. Damit nix vergessen wird, weißt du. Wär' sicher gut, wenn ich dir das mal kurz vorlese.« Er wartete gar nicht erst ab, ob meine beklagenswerte Person seinem Vortrag lauschen wollte, sondern, Schritt Nr. 2, setzte sich nun kerzengrade auf, nahm Haltung an und begann zu referieren.

Wollte ich den gesamten Vortrag meines Freundes hier wiedergeben, ergäbe das mit absoluter Sicherheit ein eigenes Kapitel. Ich erspare mir und Ihnen das. Um den Umfang der Präsentation zu verdeutlichen, erwähne ich hier nur, dass Herr Machtniks noch am Deklamieren war, als meine Ehefrau nach Hause kam. Ich selbst war zwischenzeitlich in einen angenehmen Dämmerschlaf versunken. Das bemerkte Jens entweder überhaupt nicht oder es interessierte ihn nicht. Erst als mein Ehegespons eintrat, ich bei dieser Gelegenheit verdattert die Augen öffnete, während sie uns überrascht und leicht ungehalten betrachtete, unterbrach der Malefizkerl seinen Sermon.

Gemeinsam, mit dem festen Versprechen, ihn sofort zu benachrichtigen, sobald sich neue Entwicklungen beim Projekt ›Nordlandreise‹ ergäben, gelang es uns, Freund Machtniks zum

Aufbruch in Richtung heimatliche Gefilde zu bewegen. Zwar erbot er sich, meiner Liebsten seine Ausarbeitungen ebenfalls nochmal vorzutragen, aber sie lehnte dankend ab – und dies in einem Ton, der keinen Widerspruch duldete.

Inzwischen war es fast 19 Uhr geworden, Ich verspürte deutliche Hungergefühle; kein Wunder, hatte ich doch seit dem Frühstück keine Zeit gefunden, etwas zu mir zu nehmen. Meine Angetraute tröstete mich, indem sie sich in der Küche zwei *hapankorppu* (dünne Knäckebrote aus einem Roggen-Sauerteig) mit Butter und Gouda belegte und glücklich knusperte. Ich selbst musste mich mit einer Schüssel aufgewärmtem Nudelauflauf begnügen, der vom Vortag übrig war und war damit, genügsam, wie ich bin, vollauf zufrieden. Störend war lediglich ein Anruf von Matti, der umständlich und langatmig mitteilte, es gebe nichts Neues.

Es mag vielleicht die eine oder den anderen verwundern, aber mich selbst überraschte es nicht, als das Telefon etwa eine Viertelstunde vor 22 Uhr erneut klingelte: Päivi, Mattis liebe Ehefrau und vernunftbegabte Gegenspielerin in der, ich nenne es mal scherzhaft: ›ehelichen Offenen Handelsgesellschaft (OHG)‹, hielt es für erforderlich, meine Göttergattin auf den neuesten Stand der Entwicklung zu bringen.

Mich störte der Anruf nicht weiter. Im Gegenteil, ich hegte die Hoffnung, die beiden würden möglichst ausdauernd miteinander kommunizieren. Ich rechnete mir die Chance aus, dass dadurch das gegen 22 Uhr zu erwartende Anklingeln von Jens erfolglos bleiben würde. Diese Hoffnung war durchaus nicht unbegründet, denn Telefonate der beiden finnischen Damen, ich hatte es schon kurz erwähnt, sind in der Regel nicht von kurzer Dauer. Oh nein, das sind sie nicht …

Sollte irgendjemand nun meinen: »Der Bursche war doch

schon den ganzen Nachmittag bis zum Abend da, der ruft doch nicht nochmal an!«, so kann ich nur darauf verweisen, dass es sich hier um Jens Machtniks handelt.

Die zwei Finninnen konferierten und plauderten über eineinhalb Stunden. Ich nahm die Gelegenheit wahr, mich vom anstrengenden Tagesgeschäft zu erholen, suchte mir einige Micky Maus-Hefte raus und bildete mich weiter. Und wirklich: Jens rief an diesem Abend nicht mehr an. Claudia indes erzählte mir am folgenden Tag, als ich sie in der Stadt beim Einkaufen traf, sie habe ihn nur mit Mühe davon abhalten können, mich gegen Mitternacht anzuläuten. Weswegen ich sie herzlich umarmte, ungeachtet der Gerüchteküche, die auf solche Aventüren ja stets wartet.

05 Opa Karl will mit! Schließlich hat er 90 Jahre Erfahrung mit Segeltörns!

Inzwischen waren drei Wochen vergangen. Die Reisegruppe hatte sich noch zweimal getroffen, hatte sich, nach Vorschlag von Matti, auf einen Reisetermin geeinigt und die organisatorischen Details weitestgehend geklärt. Nach wie vor fungierten meine liebe Frau und meine bescheidene Person als Kontaktteam zu Päivi und Matti. Hinsichtlich der anfangs alle naselang erfolgenden Anrufe war nach Festlegung der meisten Einzelheiten ziemliche Ruhe eingetreten. Unser dörflicher Alltag war daher entspannter.

›Entspannter‹? Nun ja, was die erwähnten Telefonate anbelangt, stimmt das. Allerdings gibt's ja noch die Haustür-Klingel. Und dieses technische Gerät, so unscheinbar es ist, entpuppte sich im Laufe der Wochen als eine nervtötende Einrichtung. Wobei, um der Wahrheit Genüge zu tun, die Schelle natürlich nichts für die Ruhestörungen kann. Nervig waren letztlich nur ihre Benutzer. Neben den üblichen, eher seltenen Besuchen unserer nicht zur Finnland-Reisegesellschaft gehörenden Mitbewohner im Dorf, waren das, chronologisch der Reihe nach: Jens, Jupp, Jens, Cornelius, Fridolin, Jens, Lothar, Jupp, Claudia, Alfons, Jens, Jens, Jens, Berthold, Jens, Jupp mit Vreni, Fridolin, Jens, Detlef, Alfons, Detlef mit Viivi, Jens mit Claudia, Jens, Cornelius, Jens, Fridolin mit Jens. Möglich, dass in meiner Zusammenstellung einige ›Jens-Besuche‹ fehlen, irgendwann habe ich aufgehört, die Liste weiterzuführen.

Wenn jetzt jemand von mir verlangte, sämtliche Themen der einzelnen ›Visitationen‹ umfassend zu nennen, ich wäre völlig überfordert. Denn erstens waren sie kunterbunt: Es wurde von mir beispielsweise erwartet, zu Fragen Stellung zu nehmen wie

›Ob man besser auch lange Unterhosen mitnimmt?‹, ›Meinst du, dass wir was gegen die Stechmücken dabei haben sollten? Und was?‹, – ›Was sollen wir mit unserer Katze machen?‹, – ›Opa Karl hat nun doch wieder verlangt, mitgenommen zu werden. Er will beim Hausbau helfen!‹ (Wir erinnern uns, Opa Karl ist 95 Jahre alt ...).

Zweitens: Es gab auch Anfragen von Unbeteiligten am ›Projekt Matti‹. Dazu gehörten wiederholte ›zufällige‹ Treffen von Eduard Öpperdick mit mir bei meinen Spaziergängen. Und es half auch nicht, diese Streifzüge zu unterschiedlichen Zeiten zu unternehmen! Sogar nächtliche Ausgehversuche, in der Hoffnung, Eduard läge in tiefem Schlummer, endeten damit, dass der Malefizkerl genau dann aus einer Nebengasse geschlendert kam, als ich dort vorüberhuschen wollte. Dazu muss ich ergänzen, dass es kaum möglich ist, Eduard böse zu sein – jedenfalls mir fällt es sehr schwer. Der Schelm ist stets so gut gelaunt, dass es ihm immer gelingt, trotz seiner zutraulichen, manche würden vielleicht gar sagen, ›dreisten‹ Art, eine fröhliche Stimmung zu erzeugen.

Bei den diversen Begegnungen mit Eduard zeigte unser wandelnder Dorf-Nachrichtendienst im echten Sinne ›laufend‹ Interesse an allem, was die Planungen der Reisegruppe nach Finnland anbetraf. Dabei hatte er zu sämtlichen Aspekten und Angaben eine durchaus überzeugte Meinung. Beispielsweise: »Die armen Finnen! Ich mein' ja bloß, wenn ihr nach Finnland fahrt. Das ist ja wohl das glücklichste Land der Welt. Hab' ich gelesen, in der Zeitung.« Ich nickte. »Ja, und jetzt stell' dir mal vor«, sprach der Bursche weiter, »jetzt kommt da so ein Haufen Leute, der Alfons, der Lothar, der Cornelius und all die anderen, auch dieser Jens. Da werden die Finnen nicht mehr lange glücklich sein!« Ich schüttelte verwundert meinen Kopf. Meinte er das ernst oder machte er sich lustig? Eduard holte tief Luft, und ich beobachtete aus den Augenwinkeln, wie für Sekunden ein Grinsen über sein Gesicht flog.

»Wieso?«, fragte ich. »Na ja, is' doch so!«, war die tiefschürfende Antwort. Aha, der Bursche wollte mich nur ›hochnehmen‹, wie man so schön sagt und mich aus der Reserve locken. Ich tat ihm aber den Gefallen nicht, sondern schwieg; denn ich wusste seit langem, Schweigen ist für Eduard die frustrierendste Reaktion. Und wirklich erreichte ich im beschriebenen Fall, dass er für etwa fünf Minuten ohne weitere mehr oder weniger geistreiche Meinungsäußerungen neben mir herlief. Und fünf Minuten ohne Reden sind bei Eduard schon eine lange Zeit!

Wollte ich alle Kommentare, klugen Sprüche und Anmerkungen hier aufführen, die das wandelnde dörfliche Rentnermagazin Öpperdick mir gegenüber im Laufe der Wochen kundtat, wären die Seiten rasch gefüllt. Herr Öpperdick und womöglich auch ich hätten jedoch, vermute ich, diverse Beleidigungsklagen zu gewärtigen …

Eine Sache allerdings ist nach meinem Dafürhalten noch berichtenswert. Sie betrifft nicht Eduard, sondern einen anderen Sonderling, eine zentrale Figur der Teilnehmergruppe, und das im wahrsten Sinn des Wortes: Jens Machtniks.

Herr Machtniks nämlich hatte beschlossen, bei jeder passenden und unpassenden Gelegenheit Finnisch zu sprechen. Oder, korrekter ausgedrückt: Sich in dem Kauderwelsch zu artikulieren, das er für Finnisch hält. Der Umstand, dass die Gesprächsteilnehmer ihn in der Regel nicht verstehen, beunruhigt ihn nicht im Geringsten, da er grundsätzlich davon überzeugt ist, sein Intellekt überrage alle und alles.

Die folgenden Textabschnitte sind nicht einfach zu konsumieren. Ich weiß das. Ihr Lesen erfordert Konzentration, Ausdauer und nicht zuletzt Humor. Nichtsdestoweniger sehe ich mich veranlasst, sie hier wiederzugeben.

Es gibt bestimmt in meiner Leserschaft zahlreiche Menschen, die der finnischen Sprache mehr oder weniger mächtig sind, vielleicht sogar gebürtige Finninnen und Finnen. Sie alle sind mir lieb und teuer. Und ganz selbstverständlich ebenso alle, die diese wunderbare, so klar strukturierte Sprache kaum oder gar nicht kennen. Insbesondere die Letztgenannten können vielleicht einige Brocken davon lernen. Zumindest können sie anschließend sagen, dass sie das spezielle Jenssche Finnisch mal gelesen haben …

Drei Beispiele für die Sprachvirtuosität meines Freundes habe ich ausgesucht. Den Jensschen Meisterleistungen habe ich jeweils das, was er sagen wollte, angehängt, sowohl in korrektem Finnisch als auch in Deutsch.

Etwa eine Woche nach der ersten Zusammenkunft auf der Terrasse der Familie Machtniks läutete gegen 17 Uhr unser Telefon. Am Display erkannte ich Jens' Nummer und überlegte kurz, ob ich den Anruf annehmen soll oder lieber meine Seelenruhe behalten. Liebenswürdig, wie ich leider nun mal bin, entschied ich mich für Ersteres. Kaum hatte ich das Gerät am Ohr, tönte es aus dem Lautsprecher:

»Huhhu! Miene ohlen Jens, hüffä peevü!«. Nach kurzem Zögern und weil ich sofort die Stimme erkannt hatte, war mir klar, was der Bursche sagen wollte: *»Hei! Olen Jens, hyvää päivää!«* Zu Deutsch: »Hallo, ich bin Jens, guten Tag!«

Nur wenige Tage später kam ein erneuter Anruf: »Miene ohle üksü küühmüüs. Miilö dapa me huumeni?« Preisfrage: Was sollte dieses bedeuten? Hier die Lösung, erst auf Finnisch, dann auf Deutsch: *»Minulla on kysymys. Milloin tapaamme huomenna?«* – »Ich hab' 'ne Frage. Wann treffen wir uns morgen?«

Den Vogel allerdings schoss Jens wenig später ab, und das lediglich mit zwei (!) Wörtern. Wir hatten darüber geredet, ob meine liebe Gefährtin und ich wohl am folgenden Wochenende mal auf Opa Karl und auf die Machtnikssche Katze achten könnten, weil die gesamte Familie Machtniks irgendwo in Süddeutschland eingeladen war. Wo genau, weiß ich nicht mehr, ist ja auch gleichgültig. Nach Zusage meinerseits kamen besagte zwei Wörter an mein Ohr: »Gyros ballon!« Hätte ich nicht gewusst, dass Jens Machtniks am anderen Ende der (imaginären) Leitung hing, hätte ich gedacht, ich sei mit einem griechischen oder meinetwegen auch orientalischen Schnellimbiss verbunden. Gemeint hatte der Bursche allerdings: *»Kiitos paljon!«*, was zu Deutsch »vielen Dank!« heißt.

Seitdem bezweifle ich, was die Sprachwissenschaftler immer wieder behaupten: Dass Finnisch und Ungarisch gemeinsame Wurzeln haben. Viel eher scheint Finnisch mir mit Griechisch oder Türkisch sprachverwandt zu sein.

Ergänzend muss ich noch erwähnen: Während Matti sein sehr spezielles Deutsch sehr bewusst einsetzt und, wie ich schon früher erläutert habe, durchaus in der Lage ist, wenn er will, weitestgehend fehlerfrei meine Landessprache zu reden und zu schreiben, scheint Jens Machtniks das schlicht und einfach nicht zu können. Ist das vielleicht sein kleiner Rachefeldzug wegen Mattis Deutsch? Wie ich Herrn Machtniks kenne, wäre es möglich. Aber wer, außer Jens, weiß das schon ...

Die Tage gingen also ins Land. Die Reisevorbereitungen nahmen zunehmend konkrete Gestalt an: Die Schiffspassagen von Travemünde nach Helsinki waren gebucht, die vertraglichen Miet-Vereinbarungen über den Kleinbus geschlossen. Die Viererclique aus unserem Dorf hatte sich darauf geeinigt, mit Lothars zwar alter, aber dafür umso luxuriöserer Limousine zu fahren. Familie Kertsenwax, die lieben, etwas einfältigen Nachbarn von Claudia und Jens, hatten sich – wie seit vielen Jahren immer wieder – bereit erklärt, auf das Machtnikssche Haus und die Katze Schnurrli aufzupassen. Opa Karl konnte unter Mühen und mit vereinten Kräften von Claudia, Jens und mir davon überzeugt werden, und zwar endlich dauerhaft, dass die weite Reise für ihn zu anstrengend wäre. Den Ausschlag gab dabei ein Gespräch zwischen Claudia und ihm, das letztlich das trickreiche Eingreifen von Jens und auch von mir erforderlich machte.

Claudia erklärte ihm dabei zum zigsten Mal: »Opa Karl, das ist kein Windjammer. Das ist ein Schiff mit Turbinen!« – »Was?« – »Das ist kein Segelschiff! KEIN Segelschiff! – »Bin doch früher immer gesegelt!« – »Das weiß ich doch, Opa Karl!« – »Was?« – »DAS WEISS ICH!« - »Siehste!« – »Was soll ich sehen?« – »Was?« – »WAS ICH SEHEN SOLL?!« – »Na das!« – »Was?« – »Was?« – »WAS DENN Opa Karl?!« – »Ei Claudia! Dass ich segeln kann. Deswegen muss ich ja mit!« – »Das ist ein MOTORDAMPFER, Opa Karl! Das Schiff nach Helsinki! Das ist KEIN Segler! KEIN SEGLER, Opa Karl!« – »Siehste!« - »Jens, Mensch! Erklär' du's ihm doch mal!« – »Was?« – »Der JENS ERKLÄRT ES DIR. – »Was erklär'n, warum erklär'n, wie erklär'n?« – »Opa Karl, HÖR MAL ZU: Das Schiff fährt mit TURBINEN. Mit MOTOR! Mit SCHRAUBEN! NIX SEGEL, Opa Karl!« – »Ach so. Siehste!« – »Ich glaub, Claudia, jetzt hat er's kapiert!« – »Was?« – »Hast du's verstanden, Opa Karl?« – »Was?« – »OB DU ES VERSTANDEN hast?!« – »Was verstanden?« – »Dass es ein MOTORSCHIFF ist!« – »Siehste! Genau! ... Und wann fahr'n wir los?« – »GAR NICHT, Opa Karl!« – »Also bleibt ihr hier? Auch gut. Fahr' ich allein. Vielleicht nehm' ich noch die Ottilie mit.«

Claudia und Jens unisono: »Ebo, sprich du doch mal mit ihm. Dir glaubt er vielleicht.« – »Was will das Claudia?« – »DER EBERHARD ERKLÄRT ES DIR NOCH MAL« – »Der? Was verstehste vom Segeln, du Schwede, mit deinen Büchern?!« – »Ich bin DEUTSCHER, Opa Karl, kein Schwede! Und ich schreibe Bücher über FINNLAND und ziemlich VERRÜCKTE DEUTSCHE!« – »Warum schreiste denn so?« – »Ich schreie doch gar nicht!« – »Was?« – »ICH SPRECHE NUR ETWAS LAUTER, damit Sie mich verstehen!« – »Siehste! Jetzt schreiste doch! Is' aber egal. Wo ist das Claudia? Ach, da biste ja, Claudia. Warum schreit denn der so?« – »Er will dir was ERKLÄREN, Opa Karl.« – »Dann leg' mal los, alter Schwede!« – »Mit dem Schiff, Opa Karl: Das ist kein Segelschiff!« – »Was?« – »Opa Karl, das Schiff hat KEINE SEGEL! NIX SEGEL!« – »Siehste! Darum komm' ich eben mit, als Skipper!«

Wir drei waren wirklich am Verzweifeln. Claudia schien den Tränen nahe, Jens blickte hilfesuchend zur Tür, ob er wohl unbemerkt verschwinden könnte. Da kam mir die rettende Idee:

»Opa Karl, auf dem Schiff gibt's nur Wasser zu trinken!« - »Was?« – »Auf dem Schiff gibt's nur WASSER! ZUM TRINKEN, meine ich, Opa Karl! KEINEN SCHNAPS!« – »Was?!« – »NUR WASSER, Opa Karl. NIX SCHNAPS! KEIN ALKOHOL!« – »Kein Schnaps? Kein Klarer?« – »NIX SCHNAPS, Opa Karl!« – »Alter Schwede! Is' das wahr?«

Claudia, Jens, ich, gemeinsam: »NULL SCHNAPS AUFM POTT, Opa Karl! KEIN TROPFEN!« – »Kein Schnäpsgen? Pfui Deibel! Nee, Kinners, da komm' ich nicht mit!« – »Bist du sicher, Opa Karl?« – »Was?« – »Bist Du SICHER? Dass Du HIER BLEIBEN willst, Opa Karl?!« – »Nee, Kinners! Kein Schnäpsgen?! Da bleib' ich lieber hier an Land!«

Damit war diese Angelegenheit erledigt. Opa Karl blieb leicht gesäuert zurück – doch das war nun mal nicht zu ändern. Mit Tante Ottilie ließ sich die Frage der Mitreise leichter klären. Sie hatte die Idee schon von sich aus verworfen und fühlte sich in dieser Entscheidung bestätigt, als sie hörte, dass Opa Karl auch nicht mitfuhr.

Viivi und Detlef starteten schon einige Wochen vor der Abfahrt der restlichen Freunde Richtung Finnland. Zu ihrer Verabschiedung waren nicht nur meine Lebensgefährtin und ich erschienen, auch Jens Machtniks hatte sich eingefunden, um ihnen gute Ratschläge hinsichtlich der Reiseroute zu geben. »Also, Detti, pass auf, dass du im Hafen beim Einordnen nicht die falsche Spur nimmst, sonst kommst du nach Trelleborg und nicht nach Helsinki! Du, Fiefi (sic!) musst zwar mit aufpassen, darfst ihn aber nicht ablenken, mit Schwätzen und Quasseln und Gelaber und so!« Als Viivi ihn daraufhin gereizt anblickte, sagte Herr Machtniks: »Ich mein' ja nur. Bei mir schwätzt das Claudia nämlich immer dazwischen, wenn ich fahre.« – »Wird ihre Gründe haben, Jens!« Viivi war ernsthaft beleidigt.

Herrn Machtniks störte das nicht weiter, schien es. Erstens war er Kummer gewöhnt, zweitens fuhren Detlef und Viivi in einigen Minuten los, und bis zum nächsten Wiedersehen war Viivis Zorn garantiert am schönen blauen Finnlandhimmel verraucht. Zudem besitzt Jens ein dickes Fell, was ärgerliche Reaktionen seiner Umgebung auf seine Bemerkungen anbelangt.

Die verbliebenen Wochen bis zur gemeinschaftlichen Abfahrt von Mattis Hilfstruppe vergingen ruhig und ohne besondere Ereignisse.

Bis auf folgende Begebenheit: Es waren noch zwei Tage bis zum Reisebeginn, als wieder einmal mein Telefon läutete: Matti.

»Hei, kleines Bücherschreiberlein! Bin ich Matti!« – Gut, dass du es sagst, ich wäre nie auf die Idee gekommen, dachte ich. »Rufe ich an, wegen kleines Problemchen, nicht sehr wichtig.« Mein finnischer Kumpel legte eine Pause ein, woraufhin ich mich auf die Ansage einer mittleren Katastrophe gefasst machte. War seine Schule abgebrannt? Lag er mit gebrochenem Bein im Krankenhaus? Ich erwiderte nichts, sondern wartete ab, was wohl kommen mochte.

»Musst du wissen, wir haben vieles Bäumchen hier an Weg und auf *tontti* (Grundstück).« – Na ja, das ist halt in Finnland mit seinen ausgedehnten Wäldern so üblich, ging mir nun durch den Kopf. Typisch für Matti ist, nebenbei bemerkt, seine Vorliebe für den deutschen Diminutiv mit ›-chen‹. Die ›Bäumchen‹, von denen er sprach, waren mit absoluter Sicherheit riesige Gewächse. Baumkolosse, schätzte ich, etwa 20 oder mehr Meter hoch. Egal, offenbar war irgendetwas mit den ›Bäumchen‹ geschehen.

»*No niin*, hatten wir großes Sturm gestern hier. Ist Elektroleitung gegangen kaputt. Sind gefallen ein paar Bäumchen auf Leitung und auf Straßenweg.« Jetzt fühlte ich mich doch veranlasst zu fragen: »Ist euch was passiert? Seid ihr verletzt?« – »Hohoho, nichts verletzt. Aber Strom weg. Und Straße zu, kann man nicht fahren. Habe ich schon bestellt *traktori* (das muss ich wohl nicht übersetzen, oder?), kommt hoffentlich morgen. Ist sich aber nicht sicherlich, weil überall Bäume, bumm, sind gefallen um. Hohoho. *No niin*, musst du wissen. Müssen wir nochmal telefonieren, damit ihr wisst, ob ihr könnt kommen mit Auto hierher zu *tontti*. Spreche ich aber mit Heikki (Heinrich) von Hotel, dass ihr könnt dort bleiben, wenn Wegstraße noch zu. Hat Heikki noch Platz in altes Kuhstall, könnt ihr schlafen dort; schön warm und duftig, hohoho!«

Ich kenne Heikkis Hotel, es liegt etwa 15 Kilometer von Päivis und Mattis Wohnort entfernt. Dabei handelt es sich um einen ehemaligen Gutshof, zu Finnisch *kartano*. Die Gebäude sind schon älter, aber gut im Schuss und die Umgebung ist herrlich. Heikki ist ein Jugendfreund von Matti und ein ebensolches Original.

»Na, Matti, ich bin beruhigt, dass ihr gesund seid, du und Päivi! Ich sag' den Freunden hier Bescheid. Vielleicht schaffst du es ja doch, dass wir zu deiner Schule fahren können. Schick' mir bitte noch eine kurze Wegbeschreibung, wie wir dorthin kommen.« – »*No niin*, kriegst du kurzes Text mit ganz genaues Weg! Aber ich warte an Kreuzung von großes Straße auf euch. Musst du mich nur nochmal rufen an, wenn ihr seid in Joroinen. Gutes Reise! *Hei!*«

Mittels Rundruf benachrichtigte ich die anderen Teilnehmer über Mattis Information, Viivi und Detti schickte ich eine E-Mail. Alle reagierten erstaunlich gelassen auf die neue Situation. Sogar Jens Machtniks meinte besorgt: »Ist ja nicht so dramatisch für uns. Hauptsache, Matti und Päivi ist nichts passiert!«

Am Abreisetag versammelten wir uns am frühen Morgen bei Machtniks. Jupp und Jens hatten bei unserem Eintreffen schon damit begonnen, das Gepäck zusammenzustellen. Als ich das Egebnis ihrer Aktivität erblickte, fiel mir, bildhaft gesprochen, die Kinnlade runter: In ihrem Übereifer war ihnen nicht in den Kopf gekommen, systematisch vorzugehen. Sämtliche Koffer, Sport- und Reisetaschen, Jacken und Mäntel sowie weitere Kleidungsstücke waren kunterbunt durcheinander auf einem Haufen geschichtet, die gesamte Bagage also. Meine liebe Ehegefährtin bekam einen irgendwie versteinerten, fast klösterlichen Gesichtsausdruck, und passend dazu hörte ich sie flüstern: »Lieber Gott, steh' mir bei!«

Meine Frage, ob das Arrangement klug sei, wurde von den beiden Herren einstimmig mit: »Wieso?« beantwortet. Die weiteren Reiseteilnehmer, ausschließlich männlichen Geschlechts, standen andachtsvoll um das Gebirge herum, zeigten interessierte Mienen und hatten ihre Hände in den Hosentaschen vergraben. Geduldig wie ich nun mal bin, allerdings doch in dezent erhöhter Tonlage, erläuterte ich: »Ich will ja keine Vorschriften machen, aber so geht das nicht, ihr Wirrköpfe! Das Gepäck muss getrennt werden. Einmal nach jeweiliger Partei. Und dann außerdem danach, was unterwegs auf dem Schiff gebraucht wird und nach dem, was erst in Finnland nötig ist. Zudem muss das Zeug für unterwegs so verstaut werden, dass wir es ohne Aufwand aufm Schiff aus den beiden Autos rausholen können. Das ist doch klar, meine Güte!«

In diesem Augenblick kam Claudia aus dem Haus, hinter ihr Vreni. Kopfschüttelnd betrachteten sie den Berg aus Reisetaschen und Koffern und so weiter, verschränkten ihre Arme und blickten sich schweigend an. Nun ja, so ganz schwiegen sie nicht, denn ich vernahm ein Murmeln: »Typisch. Hast du was anderes erwartet?« Wer von beiden das sagte, konnte ich nicht feststellen, war auch unnötig. Denn jetzt erhoben sie zeitgleich ihre Stimmen und meinten freundlich: »Seid ihr noch zu retten? Wie sollen wir denn aus diesem Gewühle das rausfischen können, was wir brauchen? Und die Jacken und Mäntel alle auf einem Berg, frisch gebügelte Hosen und Hemden und Blusen. Ihr seid wirklich nicht ganz dicht!«

… Und Claudia, als langjährige Ehefrau von Jens die in Bezug auf ähnliche Gelegenheiten am besten Trainierte, ergänzte: »Wenn ihr das nicht in Nullkommanix auseinander sortiert, und zwar anständig, knallt's!« Sprach's, warf der Männerrunde einen vernichtenden Blick zu, drehte sich um, fasste Vreni unter, und beide verschwanden ins Haus, ohne eine Antwort abzuwarten.

Jens kratzte sich hilflos am Kopf, Jupp dagegen begann wortlos, den Mount Everest aus Reiseutensilien abzubauen, zu sortieren und zu ordnen. Die vereinte Männerriege einschließlich meiner Person unterstützte bereitwillig durch gute Ratschläge.

Es dauerte etwas über eine Stunde, bis die Einzelteile den jeweiligen Besitzern wieder zugeordnet waren, und nochmals mehr als eine halbe Stunde nahm die Verladung in Anspruch. So manche zerknitterte Jacke und so manches von Falten durchfurchte Hemd verschwand klammheimlich in den Koffern; die zugehörigen Herren (Namen werden hier nicht genannt ...) gaben sich offenbar der Hoffnung hin, die Teile würden dann am Zielort beim Auspacken einigermaßen ›geplättet‹ sein.

Die Frauen blieben in dieser Zeit verschwunden. Als wir Männer nach erfolgreicher Beladung der Fahrzeuge gesittet und bußfertig Richtung Machtniksscher Villa zottelten (es waren vorher Fridolin und Berthold zur Rekognoszierung der Lage losgeschickt worden), empfing sie erfreulicherweise angenehmer Kaffeeduft. Das Friedensangebot der Frauen umfasste sogar belegte Brötchen, was erheblich dazu beitrug, die Stimmung aufzuhellen. Wozu Herr Jens mit dicker Lippe umgehend kommentierte: »Is' doch gut, dass der liebe Gott damals im Paradies dem Adam wenigstens ein kleines Rippchen entnommen hat. Um die Eva zusammenzukleistern! Sonst säßen wir heute ohne Kaffee und Brötchen hier!« Als Folge erhielt er postwendend von Claudia eine Kopfnuss, die immerhin etwa eine Woche lang sichtbar war.

06 Erlebnisreiche Reise nach Finnland: Wundert es jemanden?

Die Anreise nach Travemünde zur Fähre verlief überraschenderweise ohne ernstzunehmende Probleme. Wir legten unterwegs einige Male längere Pausen ein, zum einen, um den Kindern Gelegenheit zu geben zu toben, zum anderen, weil Fridolin in unserem Bus immer nervöser wurde. Es war ihm nämlich von sämtlichen Mitreisenden verboten worden, auch nur einen Ton aus seiner Mundharmonika zu locken. Das bedeutete für ihn harte Entsagung, die sich nicht nur in unablässigem, beständig lauter werdendem Seufzen äußerte. Zudem rutschte er umso unruhiger in seinem Sitz herum, je länger die Fahrt dauerte.

Bei den Zwischenstopps nutzte unser begnadeter Musikus natürlich sofort jede Gelegenheit zu einem öffentlichen Auftritt: Auf dem Parkplatz einer Rastanlage (ich meine mich zu erinnern, es war ›Harz-Ost‹) entlockte er seinem Instrument besonders virtuose Töne: Eine Gruppe Reisender aus Großbritannien weigerte sich daraufhin, in ihren Reisebus einzusteigen, obgleich der Fahrer Zeter und Mordio schrie und damit drohte, ohne sie weiterzufahren, er müsse schließlich seinen Fahrplan einhalten. Die leicht angeheiterten Briten bestanden darauf, Fridolin müsse erst ›Should auld acquaintance be forgot‹ spielen. Dabei sangen sie sämtliche Strophen des Liedes mit und waren von den Klängen der Mundharmonika und wohl auch von ihrem eigenen Gesang so gerührt, dass sie manche Träne vergossen.

Als sie von Fridolin über unser Reiseziel Finnland aufgeklärt wurden, versuchten sie den Busfahrer zu bestechen, sie statt nach Hamburg nach Helsinki zu bringen. Zu diesem Zweck wedelten sie mit Bündeln von englischen Pfundnoten vor seiner Nase herum, und ich hatte den Eindruck, er war nicht weit davon entfernt, zuzustimmen. Zur Begründung gab er an, er werde sowieso jetzt entlassen, denn seinen Fahrplan könne er vergessen: »Da kann ich auch gleich nach Finnland kurven.«

Bestärkt wurde er in seinen Überlegungen durch sämtliche männlichen Mitglieder unserer Reisegruppe, ausgenommen meine Person. Unter der Leitung von Jens Machtniks suchten diese Burschen ihn nämlich auf und malten die Fahrt (»Musst du natürlich über Schweden fahren. Auf unserm Schiff gibt's sicher nicht mehr so viel Platz.«) sowie den Aufenthalt in den buntesten und verführerischsten Farben. Als ich Jens deswegen Vorhaltungen machte, argumentierte er mir gegenüber: »Der Matti kann diese Kerle sicher prima gebrauchen! Hör' mal, wie schön die singen!« Meine unbedarfte Frage, was diese gesangstechnische Leistung mit den anstehenden Renovierungsarbeiten an Mattis Schule zu tun habe, ignorierte er.

Nun, auch ohne dass ich aktiv werden musste, löste sich das Problem. Die Engländer nahmen nochmals Haltung an und intonierten ›Rule Britannia‹, was Fridolin ins Schwitzen brachte, weil er es noch nie gespielt hatte. Auf das Reiseziel Finnland verzichteten sie mit der einleuchtenden Begründung, in Hamburg sei das Bier billiger. Der Busfahrer erhielt dennoch von ihnen einen ansehnlichen Packen Pfundnoten, den er schmunzelnd einsteckte. Dann sammelte er seine ›very british people‹ zügig ein, klemmte sich hinters Steuer, winkte der Finnland-Männerriege zum Abschied lässig zu – und weg war er. Er hinterließ einen leicht frustrierten Fridolin sowie einen missgelaunten Jens, der für die nächste Stunde larmoyant maulte, weil so hilfreiche, kräftige Burschen nun für das anstehende Matti-Projekt verloren seien.

Über die übrigen Reisetage bis Finnland kann ich weitgehend schweigend hinweggehen; es gab keine herausragenden, berichtenswerten Vorkommnisse. Kurz erwähnenswert sind allerdings drei Situationen, die meine Ehegattin und mich doch etwas nachdenklich stimmten:

Nr. 1: Wir fuhren mit unserem Kleinbus im Travemünder Hafen beim zuständigen Kontrollhäuschen vor, um einzuchecken. Wie immer mussten wir alle bei der freundlichen jungen Dame, die dort saß und uns erwartungsvoll entgegen sah, unsere Pässe oder Personalausweise vorlegen. Die nahm sie auch ruhig entgegen. Beim Lesen derselben jedoch hatte ich den Eindruck, dass sie kurzzeitig etwas verstört wirkte und besonders tief Atem holte, wie um einen plötzlichen Schrecken zu beherrschen.

Sie äußerte jedoch nichts, reichte die Dokumente zurück, nannte uns die Wartespur, zu der wir fahren sollten und wünschte: »Gute Reise.« Indes, als wir weiterrollten, um uns in die Reihe der wartenden Gefährte einzuordnen, beobachtete ich, wie sie zum Telefon griff. Und ich vermeinte zu hören: »Achtung! Diese Machtniks plus Anhang kommen. Ihr wisst schon ...« Es kann allerdings sein, dass ich mich täuschte und das Ganze nur meiner angespannten Phantasie entsprang. Sicher allerdings bin ich mir nicht.

Nr. 2: Wir standen an der Bar auf Deck 11 des Schiffes, bei uns selbstverständlich auch Fridolin. Hinter dem Tresen werkelte eine jüngere Finnin, klapperte mit Flaschen und Gläsern, schüttelte den Shaker, dekorierte Cocktails. Plötzlich blickte sie auf. Fridolin entdecken und ausrufen: *»Hei! Etkö sinä ole se, joka soittaa aina haitaria?!«* war eins. Zu Deutsch heißt das: »Hallo! Bist du nicht der, der immer Ziehharmonika spielt?« Man kann sich unser aller Erstaunen denken. Fridolin insbesondere war überrascht, als meine liebe finnische Lebensgefährtin ihm den Satz übersetzte, freilich auch leicht verbittert, schien mir. Und mir selbst fuhr durch den Kopf: Opa Karl lässt grüßen ..., denn der Senior neigt, wie schon beschrieben, ebenfalls dazu, Fridolin wider besseres Wissen stets als Akkordeonspieler zu titulieren. Meine bessere Hälfte informierte die Barmixerin jedoch sofort: *»Ei, hän soittaa huuliharppua!«* (»Nein, er spielt Mundharmonika!«). Das Missverständnis brachte unserem lieben Fridolin immerhin einen kostenlosen Shortdrink ein, was ihn mit der finnischen Barkraft versöhnte.

Nr. 3: Am Abend des Seetages, also des Tages auf dem Meer, trafen wir uns im Speisesaal, um es uns mal so richtig rundum gutgehen zu lassen. Die reichhaltigen Gerichte werden dort auf mehrstöckigen, langen ›Präsentationstischen‹ zur Selbstbedienung dargeboten.

Ich stand hinter Jens und schaute amüsiert zu, wie er diverse überladene Teller balancierte. Auf dem Weg zu unserem Tisch kam ihm eine der dienstbaren Schiffsgeister entgegen, damit beschäftigt, benutztes Geschirr und Besteck von den Tischen abzuräumen. Kaum entdeckte sie Jens, ging in ihrem Gesicht die Sonne auf: »Hello!«, begrüßte sie Jens auf Englisch. Der nickte herablassend, wobei seine Tellerladungen bedenklich in Schieflage gerieten. »Aren't you the captain who was here a few years ago, straight from Cape Horn?«, fuhr sie fort; sie fragte den Schwerenöter also, ob er der Kapitän sei, der einige Jahre zuvor direkt vom Kap Horn kommend hier im Schiffsrestaurant aufgetaucht sei.

Es war ihr folglich noch die Episode erinnerlich, bei der Jens sich vor einigen Jahren bei der ersten Finnlandreise der Familie Machtniks aus Übermut als Kapitän verkleidet hatte. Er war beim Frühstück im Restaurant aufgetaucht, hatte Claudia die

Schamröte ins Gesicht getrieben und eine Rentnerrunde am Nachbartisch als angeblicher Kapitän mit ›seemännischen‹ Schauermärchen unterhalten.

Kaum zu glauben, aber Jens Machtniks reagierte mit Stolz auf die Frage der jungen Frau. Er nickte hoheitsvoll, zwinkerte ihr schelmisch zu und begab sich würdevoll an unseren Tisch. »Bin schon richtig berühmt«, bemerkte er zufrieden und steckte sich ein mächtiges Stück Fleisch in den Mund. Claudia warf ihm lediglich einen vielsagenden Blick zu und vertiefte sich ostentativ in den Genuss ihres Salats.

Dies also sind die drei rasch erzählten Vorkommnisse während der Anreise nach Finnland. Und, oh Wunder, es gab diesmal keine Schwierigkeiten bei der Ausfahrt vom Schiff. Einzige Besonderheit: Meine Lebenspartnerin hätte es schon in Helsinki, im Hafen von Vuosaari, gerne dem früheren Papst Paul gleich getan, der ja bekanntermaßen den Boden eines jeden Landes küsste, sobald er dort angekommen war. Auf meine Bitte hin und mit Rücksicht auf die weiteren Reiseteilnehmer verzichtete sie jedoch darauf. Beim Pontifex Paul bin ich mir übrigens nicht sicher, ob er nicht nur deswegen auf die Knie sank, um Gott zu danken, dass die Piloten der damaligen Fluggesellschaft Alitalia die Papstmaschine (zu dieser Zeit übrigens als ›Shepherd one‹ bezeichnet) ohne Crash zu Boden gebracht hatten.

Da fällt mir doch noch etwas ein: Es gab noch eine Überraschung, als wir in Helsinki Richtung Hafenausfahrt und zur Zollkontrolle fuhren. Und diese Begebenheit reiht sich nahtlos ein, sowohl in die eben beschriebenen Erlebnisse an Bord des Fährschiffes, als auch in meine zu Beginn dieses Buches geschilderte postalische Erfahrung bezüglich der Adressierung von Briefsendungen an meinen finnischen Freund Matti.

Denn wir wurden von einem der finnischen Zollbeamten angehalten, dem unser Bus offensichtlich aufgefallen war; er verlangte unsere Pässe zu sehen. Jens reichte den Ausweisstapel durchs Fenster, sein Pass lag obenauf. Und siehe da: Kaum las der Beamte den Namen ›Jens Machtniks‹, da reichte er das gesamte Ausweiskonvolut unkontrolliert zurück, mit einem sonnigen Grinsen und den Worten: »Oh yes, I see, you are visiting Matti and his new school! *Hyvää matkaa!* (Oh ja, ich sehe, ihr besucht Matti und seine neue Schule! Gute Reise!)«

Dass Jens daraufhin beim Starten den Motor abwürgte und dem Beamten anschließend fast über die Füße gefahren wäre, hätte dieser sich nicht mit einem akrobatischen Sprung gerettet – wen wundert's? Dieses Ereignis bewirkte sprachloses Schweigen im Bus für die nächste halbe Stunde. Dann aber setzte ein umso aufgeregteres Geschnatter ein, an dem sogar ich mich beteiligte, völlig konsterniert und entgegen meiner sonst zurückhaltenden Art. »Unbegreiflich« –»nicht zu verstehen« – »unglaublich« – »unfassbar« – »Wahnsinn« – diese und weitere Ausrufe des Erstaunens schwirrten durcheinander. Eine Erklärung für das überraschende Verhalten des Beamten habe ich bis heute nicht. Matti, darauf angesprochen, reagierte lediglich mit einem »Bist du kleines verrücktes Hühnchen. Ist sich ganz einfach. Habe ich oft schon gesagt. Bin ich Matti.« Mit diesem Bescheid musste ich mich zufriedengeben.

Jens saß bei der Fahrt von Helsinki Richtung Norden am Steuer unseres Kleinbusses, Lothars Limousine fuhr hinterher. Lothar selbst, der keinen anderen ans Steuer seiner kostbaren Blechkiste ließ, lenkte sein Gefährt. Zwar musste Herr Machtniks anfangs einige Male daran erinnert werden, dass Geschwindigkeitsbeschränkungen auf finnischen Straßen engmaschig überwacht und Übertretungen deutlich strenger als in Deutschland geahndet werden. Aber anders als bei der ersten

Finnlandreise hatte er inzwischen gelernt, sich dem Fahrstil der meisten heimischen Fahrerinnen und Fahrer anzupassen, wie ich feststellte.

Wobei ich schon seit längerer Zeit alljährlich beobachte: Auch die Finnen eignen sich zunehmend Fahrweisen an, wie sie in Mitteleuropa gang und gäbe sind. Vorgeschriebene Geschwindigkeiten, insbesondere auf einem *moottoritie* (Autobahn) scheinen auch im Norden inzwischen gar manchen zu deutlich schnellerem Fahren zu verlocken. Da mag es eine Rolle spielen, dass die verbreiteten stationären Radarkontrollgeräte, wie man sie sonst an finnischen Fernstraßen alle paar Kilometer findet, fehlen, sobald eine dieser Straßen entweder vier Spuren hat oder dreispurig mit wechselseitiger Überholspur ist. Warum dies so ist, kann ich leider nicht erklären. Sollte es in Finnland nicht möglich sein, vier Spuren getrennt voneinander radartechnisch zu kontrollieren? Gegebenenfalls wäre es sinnvoll, hier mal entsprechendes Knowhow bei den deutschen Straßenverkehrsbehörden zu nutzen: Die können das.

Bei unserer Fahrt durch die schöne finnische Landschaft genossen wir die Sendungen von *YLE Radio Suomi* (Allgemeiner Rundfunk Finnland), leichte Musik, Nachrichten, Kommentare und ähnliches. Meine liebe Ehefrau blühte auf: heimische Klänge! Störend empfand sie nur Jens Machtniks, Fridolin und Jupp. Jens plapperte nämlich pausenlos dazwischen, weil er auf Grund seiner bemerkenswerten Kenntnisse der finnischen Sprache irgendeine Nachricht verstanden zu haben glaubte und entsprechend kommentierte. Dass er dabei ausnahmslos völlig sinnentleerte Äußerungen von sich gab, wenn wundert es?

Jupp wiederum trällerte immer mal wieder bei den finnischen Liedstücken mit, teils unterstützt von Fridolin per Mundharmonika. Beide wollten in einigen der musikalischen Highlights deutsches Volksliedergut wiedererkannt haben und bemühten sich eifrig, dies durch originelle, jedoch leider dysharmonische Zugaben unter Beweis zu stellen. Welche Mienen Silkchen und Tommi zu dem Begleitkonzert machten, muss ich sicherlich nicht ausdrücklich beschreiben.

Die Strafe von YLE für dieses respektlose Benehmen der drei genannten Chaoten folgte jedoch auf dem Fuße: Wir rollten soeben auf einer der Notlandepisten, wie sie in Finnland an manchen Stellen in die Straßen ›eingebaut‹ sind.

Es war nahe Lusi, einige Kilometer nördlich von Heinola. Hier verbreitert sich die zweispurige Fernstraße 5 auf etwa zwei Kilometern Länge stark, der Mittelstreifen zwischen den Fahrbahnen ist asphaltiert, und nach den erwähnten zwei Kilometern verengt sich die Straße wieder auf ihre ursprüngliche Breite. Das Ganze ähnelt also einer Rollbahn und ist auch als solche gedacht, für Notlandungen, aber auch für militärische Zwecke.

Warum erzähle ich das? Nun, es war ein glücklicher Zufall, dass wir uns auf dieser breiten Fläche befanden und keine weiteren Fahrzeuge in unserer Nähe fuhren. Denn soeben erklang im Autoradio ein sanfter, romantischer finnischer Song (von Samu Haber: ›*Hiljaisuus*‹), als urplötzlich aus den Lautsprechern ein Donnerhall ertönte, bei dem Richard Wagner mit seiner Ouvertüre ›Götterdämmerung‹ vor Neid erblasst wäre. Wir fuhren alle vor Schreck zusammen, Fridolin verbiss sich schreckensbleich in seine Mundharmonika, Silkchen begann zu weinen, Tommi duckte sich weg und versuchte, sich zwischen den hinteren Sitzreihen zu verstecken, wurde aber Gott sei Dank daran gehindert, da er angeschnallt war. Jens verriss das Steuer, stieg in die Bremsen, geriet auf die Gegenfahrbahn, der Bus unternahm einen kleinen Sprung, setzte holpernd wieder auf, hoppelte zwanzig Meter weiter und kam quietschend am Straßenrand zum Stehen. Inzwischen hatte der musikalische Tornado aus dem Radio nachgelassen, und es ertönte sowohl auf Finnisch als auch auf Schwedisch eine Männerstimme, die – hier die deutsche Übersetzung – mitteilte: »Gefahr! Gefahr! Gefahr!« Und wieder Täterätäää! »In Tuupovaara auf der Hauptstraße wurde ein Bär gesichtet!« Täterätäää! »Es wird dringend geraten, im Haus zu bleiben!« Täterätäää! »Türen und Fenster schließen!« Als Nachklang ertönte nochmals Donnerhall, dann ging es weiter mit Samu Habers Song, leider lediglich die letzten Takte.

Die vier Burschen in Lothars ›Raumschiff‹ die nichtsahnend hinter uns gefahren waren, glücklicherweise in gehörigem Abstand, hielten ebenfalls an und wollten sich auf Jens Machtniks stürzen, mit Rufen wie »Bist du noch zu retten?!« – »Jetzt ist aber Schluss mit deinen Sperenzchen!« und ähnlichem. Jupp, Vreni, mein Ehegespons und ich, sogar der allerdings immer noch leichenblasse Fridolin, wir alle stellten uns aber schützend vor unseren Freund und Chauffeur. Jens, ganz entgegen seiner sonstigen Gewohnheit, blieb stocksteif stehen, hatte runde, schreckgeweitete Augen und stammelte lediglich: »Dafür kann ich doch nix ...«, eine Entschuldigung, die die vier aus Lothars Gefährt erst nach längeren Erläuterungen akzeptierten. Da keiner von ihnen mehr als ein oder zwei Worte Finnisch beherrscht, hatten sie den Tuner in ihrem Auto nicht eingeschaltet und daher das originelle Vergnügen der beschriebenen Warnsendung nicht miterlebt.

Kurz muss ich noch erwähnen: Tuupovaara ist ein Ort etwa 60 km östlich von Joensuu und etwa 170 km nordöstlich von Savonlinna, der Stadt der bekannten Opernfestspiele in der dortigen Burg Olavinlinna. Wir selbst befanden uns nördlich von Heinola, wie schon erwähnt. Es mag ja auch durchaus sinnvoll sein, die Bevölkerung vor Gefahren zu warnen. Ob es allerdings zweckmäßig ist, im Verkehrsfunk überregional darauf hinzuweisen, dass in einem Ort, der Luftlinie (!) etwa 230 km entfernt liegt, ein Bär durchs Zentrum schlendert, wage ich zu bezweifeln. Ganz abgesehen von dem erwähnten ›Täterätäää‹.

Es wird Leute geben, die erbost die Meinung äußern, diese Episode sei ausgedacht, als Einlage und Beispiel für gequälten Humor. Keineswegs! Dieses Erlebnis der Gefahren-Hinweise mittels Radio in Finnland, angekündigt per Schockmusik, ist echt und wahr, möglicherweise ein wenig ausgemalt, aber im Kern absolut der Realität entsprechend.

Jedenfalls fuhr Jens anschließend so ungefähr im Schritttempo weiter, bis wir einen Parkplatz fanden, auf dem wir anhielten und frische Luft schnappten, so dass die zitternden Kinder sich beruhigen konnten. Dabei hielten nicht nur Silke und Thomas, sondern auch alle anderen Mitglieder der Reisegruppe immer wieder mehr oder weniger verstohlen nach sich anschleichenden Bären Ausschau – allerdings vergeblich.

Für die Weiterfahrt Richtung Mikkeli übernahm ich das Steuer; Jens meinte, er benötige jetzt erstmal Ruhe. Auf seine Bitte hin blieb auch das Autoradio aus. Obgleich man also auf die Idee kommen konnte, der Schock sitze bei ihm tief, war er schon wenig später wieder eifrig am Kommentieren. Die an sich sehr gut ausgebaute, aber doch noch dem alten Verlauf folgende Straße mit Steigungen, Gefälle und Kurven gefiel ihm. »Irgendwie wie in Tirol«, bemerkte er – und bekundete dadurch wieder einmal seine Veranlagung zu ... na, ich nenne es mal ›schrägen‹ Äußerungen.

Einige Kilometer vor dem Knotenpunkt Mikkeli wird diese Straße wieder vierspurig und führt wenig später am Wasser entlang, mit Blick auf den Hafen und die weißen Häuser des Stadtzentrums.

Direkt nach Mikkeli bewunderten wir finnisches verkehrstechnisches Ausbau-Tempo: Während noch vor wenigen Jahren die Straße 5 von Mikkeli bis nach Juva nur zweispurig und teils bergauf/bergab durchs Land verlief, ist die Verbindung innerhalb kürzester Zeit auf völlig neuer Trasse zur vierspurigen Autobahn geworden, mit einer Länge von immerhin mehr als 43 Kilometern.

Man mag über die Modalitäten dieses Neubaus, mit rigorosem Querbeet-Einschlag durch Wald und Flur, unter Sprengen ungeheurer Felsen und Durchschneiden bis dato zusmmenhängender Naturgebiete geteilter Meinung sein. Fridolin jedenfalls, bekennender Umnweltfreak, konnte und wollte sich den begeisterten Ausrufen seines Cousins Jens nicht anschließen. Aber die Geschwindigkeit, mit der dieses (und andere Bauprojekte) in *Suomi* realisiert werden, ist schlicht beeindruckend.

In diesen Zusammenhang gehört beispielsweise auch die kurze Schilderung einer wegen der harten Winter typischen wiederkehrenden Baumaßnahme in Finnland: Erneuerung der Asphalt-Straßendecke. Im vorliegenden Fall die zwischen Leppävirta und der Stadt Kuopio. Es handelt sich ebenfalls um die Straße Nr. 5, eine der Hauptverbindungsrouten nach Nordfinnland. Die Entfernung zwischen Leppävirta und Kuopio beträgt über 60 Kilometer!

Quizfrage: Welche Bauzeit für ein Bauvorhaben dieses Ausmaßes wäre für Deutschland zu veranschlagen? Ein Jahr? Zwei Jahre?

Darf ich (wahrheitsgemäß! Und wirklich selbst erlebt!) berichten, wie lange es in Finnland dauerte, bis die Fahrbahn eben und glatt, wieder befahrbar und freigegeben war? Drei Nächte.

Nächte! Drei Nächte, in denen unzählige Menschen, Baufahrzeuge, Maschinen und Lastwagen zu Gange waren.

Jetzt zum Vergleich nach Deutschland: Ich befuhr vor etwa acht Monaten eine Autobahnstrecke in der Nähe unseres Wohnortes. Dort war einige Wochen zuvor eine Baustelle eingerichtet worden, mit Fahrbahnverengung und entsprechend unendlichen Verkehrsstaus als Folge. Vor wenigen Tagen benutzte ich erneut diesen Autobahnabschnitt, inzwischen waren, wie gesagt, seit Einrichtung des Projektes mehr als acht Monate ins Land gegangen. Wie sah es dort aus?

Die Baustelle bestand immer noch. Ihre Länge: etwa sieben Kilometer. Auf der (gesperrten) rechten Fahrbahn schliefen zwei Bagger, erschöpft von ihrem Einsatz mehrere Wochen zuvor. Etwas weiter fand sich ein verträumter Container, der vor sich hin rostete. Irgendwo dazwischen sah ich drei männliche Wesen in orangefarbenen Klamotten, die sich anscheinend über das Wetter unterhielten. Oder sie beratschlagten, ob und wie man wohl einen der Bagger in Gang setzen könne. Einer von ihnen hielt gar eine Schaufel in der Hand, benutzte sie allerdings nicht zum Schaufeln, sondern, um sich daran festzuhalten …

Zurück nach Finnland. Wir waren, wie erwähnt, inzwischen an Mikkeli vorübergefahren, hatten irgendwo unterwegs gutes, teures finnisches Benzin getankt und rollten nunmehr der Ortschaft entgegen, die von Matti als ›Kontakt-Ort‹ festgelegt worden war: Joroinen. Von dort aus sollten wir ihn anrufen, um zu hören, wie es um die Erreichbarkeit seines Grundstückes stünde. Waren die querliegenden Bäume beseitigt? War der Weg wieder befahrbar? Wie sah es mit der unterbrochenen Stromversorgung aus? Und: Hatte der Bursche sich um Unterkunft für uns alle in Heikkis Hotel gekümmert, falls wir nicht zum ›Schulhäuslein‹ (Jargon Matti) gelangen könnten?

Jens fuhr in Joroinen auf den Parkplatz des dortigen Einkaufszentrums, ich kramte mein Smartphone hervor, wählte Mattis Nummer und wartete. Wartete. Wartete. Die Versammlung der Mitreisenden blickte erwartungsvoll auf mich.

Jens: »Hast du das Ding überhaupt an?« Jupp: »Vielleicht kann er das Klingeln nicht hören!« Fridolin (bläst auf seiner Maultrommel): »Tüterütütü, quoackquoakfpiff, tüterütütü!« Jens: »Der hat das Ding garantiert nicht an. Oder den Klingelton abgestellt!« Silkchen: »Mama, was machen wir jetzt?« Claudia (nervös): »Nur die Ruhe!« Jupp trommelt ungeduldig aufs Autodach. »Vielleicht kann er das Klingeln nicht hören!«

Ich: »Haltet doch alle mal die Klappe!« Ich wähle Mattis Nummer nochmals. Wieder keine Verbindung. Silkchen (schaut ängstlich umher und klammert sich an Claudia): »Mama, wenn jetzt ein Bär kommt!« Jens: »Quatsch, hier aufm Parkplatz!« Jupp: »Vielleicht kann er das Klingeln nicht hören!«

Jetzt kommen Alfons, Lothar, Berthold und Cornelius dazu. Lothar (zückt sein Handy): »Soll ich's mal probieren?« Cornelius (gelassen): »Nur die Ruhe.« Tommi schielt nach den beiden hübschen finnischen Mädchen, die mit ihren Motorrollern auf dem Parkplatz Kurven drehen und schnauft sehnsüchtig, äußert jedoch nichts. Die Mädels drehen ihre Runden zunehmend größer, ihre blonden Haare fliegen im Wind und Tommis Schnaufen nimmt zu. Dann ein rascher Blick der beiden Schönen, und weg sind sie. Tommi sackt zusammen. »Wann geht's denn endlich weiter?«, mosert er frustriert. Jupp: »Ei Tommi, vielleicht kann der Matti das Klingeln nicht hören!«

In diesem Moment ertönt die Stimme meiner lieben Göttergattin (triumphierend!) Sie hält ihr *kännykkä* (Handy) hoch: »Ich hab' Päivi hier! Wir können zu ihrem Grundstück kommen. Matti ist schon auf dem Weg hierher, um uns abzuholen!«

Es dauert nun nicht mehr lange. Schon eine Viertelstunde später rollt Matti unter lautem Gehupe auf den Parkplatz. Die Begrüßungszeremonie möchte ich hier nicht in epischer Breite darlegen. Es ist bestimmt schon genug gesagt, wenn ich berichte, was Mattis erster Satz war: »Wo ihr seid gewesen so langes Zeit? Ich schon bin in Wartung viele Stunden auf deutsche Freunde!« Auf meine Frage, warum er nicht ans Smartphone gegangen sei: »Hab' ich nicht gehöret deines Glocke. Hat Päivi mir gemeldet: Freunde sind da.« Jupp: »Hab ich doch gesagt! Er hat das Klingeln nicht gehört!« Er schaut alle reihum stolz an.

Gipskopf Matti prüft sein Handy. »Ha! Ist sich Ton aus.« Zu mir: »Bist du kleines dummes Hühnchen! Kann ich doch nichts hören, wenn Ton ist weg!« Er grinst: »Fahren wir los! Sind sich nur 20 Kilometerlein.« Und unter seiner Führung setzt sich der Konvoi in Richtung seines Geländes in Bewegung.

07 Mattis Schulgebäude: eine Ruine (?). Und: ein zoologischer Rundumschlag von Matti.

Mattis Schulgelände war nicht weit entfernt von der ›Hauptstraße‹, einer nicht asphaltierten Piste. Der recht breite Sandweg mochte vielleicht 500 bis 600 Meter lang sein, leicht kurvig und beidseits von lichtem Birken- und Espenwald gesäumt, durch den man auf die Seefläche schaute, die der Wind leicht kräuselte. Mehrere starke Bäume, schon weitgehend entastet, waren zur Seite gezogen worden und lagen nun längs der Wegränder.

Matti fuhr voraus, umrundete mit Schwung den alten Fahnenmast, der inmitten des ehemaligen Schulhofes aufragte und an dem ein langer Wimpel in den schwarz-gelben Farben von Süd-Savo hing.

Wir stellten unseren Kleinbus am Rand des Platzes ab, Lothar parkte neben uns. Dann bewunderten wir das Schulgebäude: ein einstöckiger, langgestreckter, L-förmiger Holzbau, der abgewinkelte Teil zweistöckig, beides gelb beplankt mit weißen Fenster- und Türrahmen und rotem Blechdach. Optisch machte das Ganze einen recht guten Eindruck. Beim Umrunden der eigentlichen Schule entdeckten wir in kurzer Entfernung vom Hauptbau noch ein kleines Wohnhaus im gleichen Stil sowie einen recht großen Schuppen (finnisch: *liiteri*) und am Seeufer die riesenhafte Sauna, von der aus ein morscher Steg ins Wasser führte.

Wie aus dieser knappen Beschreibung hervorgeht, handelte es sich demnach um einen stattlichen Komplex. Während der Besichtigungstour verkündete uns Matti siegesgewiss: »Ist herrliches Hausversammlung! Direkt an See mit gutes Wasser zu schwimmen und Angelarbeit zu machen. Hat Grundstück fast hundert viereckige Meter – Quatsch, Fehler, sind doch zehntausend viereckige Meter (er meinte offenbar ›Quadratmeter‹). Großes, altes, herrliches Sauna, waren früher Kinderlein drin, in Schulzeit, ho, ho, ho! Und ist billig, sehr billig. Soll ich sagen, was hat gekostet das alles?«

Wir spitzten erwartungsvoll die Ohren. Matti blickte jede Einzelne und jeden Einzelnen von uns grinsend an. »Ho, ho, ho! Möchtet ihr wissen, was? Sag' ich aber nicht! Ho, ho!« Drehte sich um und stiefelte davon, in Richtung Schuleingang, ohne zu warten, ob wir ihm folgten.

Der Zugang zum Schulgebäude präsentierte sich bei näherer Betrachtung nicht ganz optimal: Drei schiefe, ausgetretene hölzerne Stufen führten zu einer Art Vorbau, die Flügeltür hing in wehmütiger Haltung leicht schräg in den Angeln, diese selbst machten hinsichtlich ihrer Festigkeit nicht unbedingt einen vertrauenerweckenden Eindruck. Matti ging stolz voraus, hob den rechten Türflügel mit beiden Händen an und zur Seite und ließ mich durch. Nun ja, dachte ich und trat durch die Öffnung ins Innere, das ist ja keine große Sache, lässt sich sicher in wenigen Minuten reparieren. Der Rest der Gruppe, bis auf die Kinder, die draußen blieben, folgte. Innen gab es nochmals vier Stufen und eine weitere Tür, die allerdings ausgehängt war. Ihre Einzelteile standen aufrecht an den Seitenwänden.

Sobald wir die innere Türöffnung hinter uns hatten, sahen wir einen langen Flur vor uns liegen. Es herrschte dämmrige Beleuchtung. Zwei Fassungen mit nackten Glühbirnen baumelten an Kabeln von der Decke. Alte Tapeten hingen in Fetzen von den Wänden, der Fußboden war übersät mit Holzteilen jeglicher Größe, von kleinen Splittern bis zu meterlangen Balken. Alles war fingerdick mit Staub bedeckt. Es roch muffig und feucht.

Ich bemerkte, dass Claudia, Vreni, Jupp und Cornelius sich beklommen umschauten. Fridolin hatte seine Mundharmonika aus der Tasche gezogen, spielte jedoch nicht, sondern, so war mein Eindruck, klammerte sich erschreckt an sein ›mobiles Mini-Orchestrion‹, wie um sich seiner selbst zu versichern. Meine Lebensgefährtin kam aus dem Kopfschütteln nicht mehr heraus und hatte schmale Lippen. Jens, Lothar, Alfons und Berthold machten große Augen und atmeten sichtlich schneller, wobei es mir nicht sofort klar war, geschah dies aus Freude oder eher aus Bestürzung; betrachtete man allerdings ihre Mienen, wurde rasch klar, sie waren kurz vorm panikartigen Davonlaufen.

Glücklicherweise erschien am Ende des Flures jetzt die personifizierte Hoffnung: Päivi, nicht nur Mattis bessere Hälfte, sondern eine klar denkende, zuverlässig handelnde und liebenswürdige Frau. Sie zeigte ein freundliches Lächeln, und ihr Auftreten wurde nach göttlichem Willen, so schien es mir jedenfalls in diesem Augenblick, veredelt durch Sonnenstrahlen, die ihre Gestalt wie mit einem Lichterkranz umgaben.

Ich muss allerdings zugeben, dieses Phänomen kam schlicht dadurch zustande, dass die Sonne durch die Fenster des ehemaligen Klassenraumes schien, aus dem sie in den Flur trat. Die Lichtflut durch die geöffnete Tür rief dieses warme Leuchten im schummrigen Flur hervor, ebenso profan wie effektvoll.

Dennoch zeigt dieses quasi halluzinatorische Erleben, wie überreizt unsere Sinne in diesem Moment waren – zumindest bei mir. Nachvollziehbar, finde ich, kamen uns allen doch nachdenkliche Gedanken in den Kopf: Wo, bitte schön, sollten wir in diesem Chaos wohnen, essen, schlafen? Päivi erschien da wie ein Lichtblick. Denn Mattis Liebste ist, wie erwähnt im Denken sehr strukturiert, anders als ihr Ehemann. Und sie ist ein wichtiger Ausgleich zu Mattis impulsiven, oft, vorsichtig ausgedrückt, unkonventionellen Einfällen und Handlungen.

Auch jetzt atmeten sämtliche Besucherinnen und Besucher im Flur hörbar auf, als sie Päivi sahen. Sie lotste uns in den Raum, aus dem sie gekommen war. Und wie überrascht waren wir alle: Der ehemalige Klassenraum wirkte hell und einladend, die Wände frisch tapeziert mit Tapeten, die kleine blaue Kreuze auf weißem Grund zeigten und dem Raum ein heimeliges Aussehen verliehen. Der Holzboden war dunkel gestrichen und glänzte matt im Sonnenlicht, sogenannte *räsymatot* (Flickenteppiche), die typisch finnischen Läufer, blau-weiß gestreift, vervollständigten den behaglichen Eindruck. In der Mitte des Raumes fand sich ein riesiger Holztisch, über dem an der Decke ein großer mehrarmiger Leuchter befestigt war. Rund um dieses Möbelstück waren zahlreiche Stühle arrangiert. Zwar war der Raum noch recht leer, aber es handelte sich ursprünglich ja auch um ein ehemaliges Klassenzimmer mit entsprechender Größe.

An diese frühere Funktion erinnerten zahlreiche mehr als Plakatgroße Papptafeln, wie sie in früheren Zeiten gerne in den Schulen verwendet wurden, um den Kindern bestimmte Themen visuell näher zu bringen. Da gab es beispielsweise Bilder zum Thema Bäume, zu Pferden, zu Landwirtschaft, zu Fischen und andere mehr. »Haben wir auf das Dachboden gefunden«, erläuterte Matti selbstgefällig. Da ich meinen lieben Freund kenne, begann ich daraufhin, eifrig zu applaudieren, was die anderen Anwesenden veranlasste, in diesen Beifall klatschenderweise einzustimmen. Der finnische Wunderling strahlte demzufolge übers ganze Gesicht, als hätte er alle Lehrbilder höchstpersönlich gemalt.

Die Versammlung war hellauf begeistert von dem, was sie

sah. Es war aber auch wirklich erstaunlich und sehr beeindruckend, ein absolutes Kontrastprogramm zum zuerst gesehenen Flur. Nicht nur der tipptopp sanierte und renovierte Klassenraum und sein Ambiente begeisterten uns, auch der Blick auf den sonnenhellen Außenbereich war einmalig. Durch die hohen Fenster schaute man über den breiten ehemaligen Schulhof Richtung See. Die Sonnenstrahlen spielten zwischen den Blättern und dem Astwerk der Birken und Weiden und erzeugten ein kontrastreiches, bewegliches Mosaik aus Schatten und Licht, die weitgestreckte Seefläche glitzerte verlockend. Es war eine Atmosphäre wie in längst vergangenen Zeiten. Ich fühlte mich zurückversetzt in frühere, weniger hektische Tage, und ich bin sicher, auch den anderen ging es ähnlich. Jens Machtniks stand still und plapperte mal nicht, Fridolin war nah an eines der Fenster getreten und wirkte tief versunken in diese romantische Szenerie. Sogar der Hausherr, mein lieber Kumpel Matti, hielt sich zurück und genoss mit sichtlichem Stolz den Eindruck, den seine Erwerbung auf uns alle machte.

Päivi weckte uns aus unserer Andacht. Sie lotste uns zu einer zweiten Tür an der Stirnseite des Klassenraums, direkt neben der dort noch hängenden Schiefertafel, auf der wir einige mit Kreide geschriebenen Zahlen entdeckten sowie das finnische Wort *yhteenlasku* (Addition). Mit einem Schmunzeln öffnete sie und führte uns in einen sauberen, offensichtlich erst vor kurzer Zeit neu mit Holzplanken belegten und frisch gestrichenen Korridor: Wir betraten den Eckteil des gesamten Gebäudekomplexes. Und wir kamen aus dem Staunen nicht heraus, denn wir befanden uns im Wohnbereich, da wo früher die Lehrerinnen gewohnt hatten. Zwei waren es wohl gewesen, wie Päivi uns erzählte. Der Schulleiter hatte mit seiner Familie in dem erwähnten kleinen Wohnhaus hinter der Schule gelebt.

Die Türen zu mehreren Zimmern unterschiedlicher Größe beiderseits des Flures waren offen, man sah zwar alte, aber hübsche Möbel, Bilder an den Wänden und frisch bezogene Betten. Und das Beeindruckendste war: Alle diese Räume waren schon renoviert und saniert.

Nun wurde uns schlagartig klar, was Matti, dieser respektlose, dreiste Chaot sich erlaubt hatte. Es war kein Zufall gewesen, dass er uns über den Haupteingang in den Teil des Schulgebäudes geführt hatte, der noch nicht instandgesetzt und erneuert war. Ich hätte es mir denken können! Das entsprach exakt seiner üblichen lausbübischen, unzarten Art und Weise, hinter der allerdings meist auch irgendein tieferer Sinn steckt. Denn diese scheinbar boshafte Vorgehensweise hatte natürlich bewirken sollen, uns alle umso mehr für die renovierten, bewohnbaren Räume zu begeistern. Und gleichzeitig hatte er uns gemeinsam mit Päivi vor Augen geführt, was aus dem Komplex noch werden konnte.

Jetzt grinste der Bursche von einem Ohr bis zum anderen und meinte: »Seid ihr willkommen in herrlichem Matti-Schloss, deutsche Leutchen!« Diese Bemerkung veranlasste Cornelius, den stets Korrekten, zu der Richtigstellung: »Na, ich denke, dass Päivi auch ihre Anteile an dem Ganzen hat, nicht nur arbeitsmäßig, sondern auch am Eigentum, oder?!« Das brachte ihm ein dankbares Augenzwinkern der lieben Päivi ein, Matti dagegen erhielt von ihr einen Rippenstoß, der, wie es so schön heißt, ›sich gewaschen hatte‹. Der Kerl steckte die Liebkosung ungerührt ein, allenfalls zeigte er für einen Sekundenbruchteil ein minimales Zusammenzucken.

Den lieben Cornelius strafte er mit einem herablassenden Blick und der Bemerkung: »Bist du, Corneliuslein, kleines verrücktes Kaninchenchen!« Ich hatte ›Hühnchen‹ erwartet, aber der Schlingel benutzte tatsächlich ›Kaninchen‹. Und das, typisch Matti, noch dazu im doppelten Diminutiv als ›Kaninchenchen‹. Wie nicht anders zu erwarten, folgte das obligatorische: »Verstehst du nix!«

Wir besichtigten anschließend noch die Küche, die in gutem Zustand war; auch alle wichtigen Kochutensilien und Geschirrteile waren vorhanden. Anders als in Deutschland erhalten Kinder und Jugendliche in Finnland nämlich schon seit vielen Jahrzehnten in den Schulen ihr Mittagessen und erledigen anschließend auch dort den größten Teil ihrer Hausaufgaben; finnische Schulen sind also Ganztagsschulen – und ein Bespiel der lobenswerten, vorbildlichen Fürsorge des Staates für die junge Generation. Aus diesem Grund gab es auch in »Mattis Schule‹ die erforderlichen Einrichtungen.

Dass die Geräte teilweise veraltet waren, wie Alfons kritisch bemerkte, störte Päivi nicht. »Das können wir nach und nach erneuern. Es ist aber so, wie es jetzt ist, benutzbar. Halt ein bisschen umständlich, aber doch in Ordnung«, meinte sie in ihrem perfekten Deutsch. Freund Matti dagegen kommentierte Alfons' Bemerkung kurz mit: »Hat sich Päivi richtig gesagt, kleines verrücktes Eichhörnchenchen! Können wir doch noch später renovatieren.«

Ich war erstaunt und amüsiert. Er hatte offenbar beschlossen, die gesamte ihm bekannte ›Menagerie‹ als förmliche Titulierungen für die Anwesenden zu verwenden, und zwar erforderlichenfalls im doppelten Diminutiv. Und die Bezeichnung ›Hühnchen‹ blieb ebenso offensichtlich meiner durch jahrelangen Kontakt mit Matti gestählten Person vorbehalten, vermutlich schon aus traditionellen Gründen.

Auf Päivis Vorschlag hin setzten wir uns im renovierten Schulzimmer zusammen um zu klären, welche Gruppenteilnehmer wo wohnen und schlafen sollten. Dabei erklärte sie, dass das Wohnhaus hinter der Schule noch nicht saniert sei, im Haupthaus seien die Toiletten benutzbar, aber noch nicht durchgängig renoviert, als Ersatz fürs Bad könne man die Sauna nehmen, wie das auch bei vielen finnischen Sommerhäusern der Fall sei.

Beim Thema ›Sauna‹ erhob sich ihr Ehemann, der bisher zwar weitgehend geschwiegen hatte, nachdem Päivi ihm mehrfach mittels strenger Blicke – mehr benötigt sie generell nicht – jegliche Einmischung in ihren Vortrag untersagt hatte. Aber seit geraumer Zeit rutschte der selbsternannte Boss unruhig auf seinem Stuhl hin und her; nun, beim Stichwort ›Sauna‹ , war er nicht mehr zu bremsen.

Päivi verdrehte ihre Augen kurz gen Himmel, stützte ihre Ellenbogen auf den Tisch und legte den Kopf gottergeben in die Hände. Matti richtete sich hoch auf, ließ seinen Blick, Aufmerksamkeit heischend, über die Versammlung wandern und begann zu dozieren.

»Gute Gruppenleute, Frauen und Männer! Seid ihr hierher gefahren mit Autos, zu helfen. Bei Reparatur von Mattis Schulhäuschen.« Blick auf Päivi. »*No niin*, und auch Päivis Schulhäuschen ... Sind wir sehr frohlich und fröhlich, dass ihr seid hier. Könnt ihr bleiben, so lange Zeit, wie ihr wollt und ihr brave Leutchen seid und ihr hilfreichlich seid.« Pause, wartend auf Applaus ... Nur Fridolin und Jupp klatschten dezent, was ihnen ein lobendes Nicken vom ›Boss‹ einbrachte.

»*No niin*, habt ihr gesehen, haben wir schon sehr viel gerepariert, mit guten finnischen Freunden. Kommen morgen wieder, um zu lernen euch kennen. Und weiter zu helfen, zusammen mit euch.« Erneute Pause, diesmal kam Beifall von allen, was ein zufriedenes Grinsen auf Mattis Gesicht zauberte.

»Jetzt zu Sauna. *No niin*, habt ihr gesehen: sehr groß, sehr schön. Haben wir gerepariert ganz zu Anfangsbeginn. Ist sehr gute Sauna, gute Hitze, gute Luft, gute Holz. Könnt ihr benutzen, aber erstlich ich muss zeigen, wie geht. Und wir müssen gereparieren Steglein. Ist sich sehr schwächlich.« Seitenblick auf mich. »Kann sich brechen zusammen, wenn zum Beispiel kleines Hühnchen steht da. Ho, ho, ho! Platsch! Ho, ho, ho!« Pause, wartend auf Lachen der Versammlung. Nur Jens und Lothar kicherten verstohlen. Sie erhielten daraufhin einen strafenden Blick von Päivi, während Matti kurz »Au« äußerte. Vermutlich hatte Päivi ihm unter dem Tisch einen raschen Tritt ans Schienbein verpasst.

»*No niin*, soll kleines Bücherschreiberlein nicht machen Platsch in See. Auch andere Männer nicht.« Längere Pause. »*No niin*, und auch Frauens nicht und Kinderlein. Ho. ho!«

Es ist bestimmt unschwer vorstellbar, welche Wirkung Mattis Vortrag hatte. Die Zuhörerinnen und Zuhörer warfen sich Blicke zu, aus denen unterschiedlichste Meinungen, Empfindungen und Ansichten sprachen. Jens beipielsweise schien nicht ganz unzufrieden; insbesondere die Vorstellung, ich könnte mitsamt ›Steglein‹ koppheister im See untergehen, schien ihm Vergnügen zu bereiten.

Die Limousinen-Viererriege aus Alfons, Lothar, Berthold und Cornelius nickte zustimmend bei Mattis Ankündigung, es kämen anderntags weitere einheimische Helfer zur Unterstützung bei den Bauarbeiten. Ich hörte, wie sie sich wispernd austauschten: »Gott sei Dank!« – »Die soll'n mal zuerst ran, wenn sie schon so viel Ahnung haben!« – »Sind schließlich von hier!« – »Genau!«

Matti war noch nicht ganz fertig mit seinem Sermon: »Jetzt noch kommen Grüße von Detlef und Viivi!« Ich vernahm die Stimme von Jens Machtniks: »Genau, der Detti und die Fiefi!

Wo sind die überhaupt? Die wollten doch auch hier mithelfen!« – »Sei doch mal still, Jens!« Das war Claudia. »Ei ja, aber die wollten doch auch hier mitmachen«, replizierte ihr Göttergatte. »Halt die Klappe, Jens Machtniks!« Claudia war genervt.

Matti schaute Jens von oben herab an. »Bist du kleines verrücktes Waschbärlein, Jens«. – Bald muss sein Vorrat an Tierarten doch erschöpft sein, dachte ich. Matti fuhr fort: »Ist doch klar! Kommen erst morgen! Müssen erst in Sommerhäuschen alles fertigmachen, putzen, Bettlein beziehen und solche Sachen!«

Kaum war sein »Bettlein« verklungen, war der Raum von donnernden Lachsalven der um den Tisch Versammelten erfüllt. Das brachte den finnischen Meister der Verkleinerungsformen auf die Palme. Er lief rötlich an. »Kleine Dummköpflein! Hört auf mit Lachen!« Glaubt irgendjemand, dass diese Aufforderung den gewünschten Erfolg hatte? Falls dem so ist: Nein! Die zornige Ansprache bewirkte das genaue Gegenteil: Das Gelächter wurde augenblicklich brüllend und schien nicht enden zu wollen.

Mattis Miene verdüsterte sich. »Seid ihr alle sehr, sehr kleine Menschlein mit minikleinen Köpfchen und miniminikleinen Gehirnleinchen!« Diese neuerlichen Sprachverniedlichungen führten zu weiteren Lachanfällen der Zuhörerinnen und Zuhörer. Jens Machtniks insbesondere machte Anstalten, sich am Boden zu wälzen, und sogar der sonst so ernsthafte Fridolin hielt sich die Seiten vor Lachen. Matti fauchte jetzt Claudia, Vreni und Päivi an: »Weibliche Menschlein, seid ihr nur ›Spareribs‹. Hört auf zu lachen!«

Er blickte alle reihum säuerlich an. Und er sprach jetzt fließendes, einwandfreies Deutsch, ein Zeichen, dass er wirklich ärgerlich war. »Jawohl, so ist es.« Er musterte die kichernde Versammlung nochmals. »Ihr könnt ja nichts für euer dummes Lachen!« und deutete erst auf mich: »Du bist ein kleines dummes Hühnchen, weißt du ja!« Dann kam Jens dran: »Du bist ein kleines Waschbärlein!« Cornelius zog schon mal den Kopf ein. »Und du bist ein kleines, kleines Kaninchenchen!« Erwartungsgemäß folgte Alfons, dem vor Lachen die Augen tränten: »Du bist ein kleines, heulendes Eichhörnchenchen!«

Jetzt hellte sich Mattis Miene auf; scheinbar hatte dieses ›Bestrafen‹ mittels Reihum-Titulierung ihn besänftigt. Er setzte sich, schnaubte nochmal unwirsch und winkte verächtlich mit der Hand, wobei in seinen Augenwinkeln schon wieder sein angestammt-spitzbübisches, bauernschlaues Grinsen lauerte.

Nachdem sich alle wieder beruhigt hatten, entschuldigte die versammelte Mannschaft sich pflichtgemäß bei Matti. Dieser nahm die Entschuldigungen mit den Worten »Ist sich schon klar. Ihr alle seit eben kleine Schwachköpflein!« gnädigst entgegen und erreichte so, dass die Anwesenden nur mit Mühe erneutes amüsiertes Feixen unterdrücken konnten.

Päivi, die systematisch und strukturiert denkende und handelnde, ergriff nun das Wort, indem sie Matti liebevoll bat: »*Ole hiljaa, hullu*!« Die Übersetzung ins Deutsche wäre in etwa: »Halt mal die Klappe, Blödmann!« Matti quittierte diese Aufforderung mit genießerischem Grienen. »Ich denke, wir müssen jetzt entscheiden, wer von euch wo wohnt und schläft«, fuhr sie fort. »Ich habe mal eine Liste gemacht, die mit Claudia und Vreni abgesprochen ist.«

Sie setzte ihre Brille auf und schob ihre Haare mit der Hand hinter die Ohren als Hinweis auf die folgende hochoffizielle Verlautbarung.

»Es gibt, mit Viivi und Detlef, zusammen 15 Leute, die wir unterbringen müssen«, fuhr Päivi fort. »Kann ich schon jetzt sagen, dass es gut geht und keine Probleme sind. Wenn alle einverstanden sind, natürlich. Ich lese mal vor: Wir haben Claudia und Jens mit den Kindern, also Thomas und Silke. Und, wenn es richtig ist, gehört Fridolin dazu. Die alle waren schon zweimal bei uns in Sommerhaus und haben gewohnt dort in großem *aitta.* Das können wir wieder machen. Sie müssen dann das Bus mitnehmen, damit wir alle hierher und zurück fahren können. Was sagt ihr dazu?« Jens war begeistert. »Prima!«, freute er sich, und auch Claudia, die Kinder und Fridolin nickten.

»Gut«, meinte Päivi. Von Matti kam ein dezentes Brummen: »Kleines Waschbärlein, wieder bei uns!« Seine Lebensgefährtin überhörte das. »Dann Lothar, Alfons, Berthold, Cornelius. Haben wir hier in Schulhaus die beiden schönen Zimmer, die ihr gesehen habt. In beiden stehen zwei Betten. Deswegen haben wir gedacht, dass ihr vier hier wohnt und schlaft. Geht das?« Die Burschen betrachteten einander, leise zögernd. Dann kam von Cornelius die Frage: »Und, Alfons, nehmen wir ein Zimmer zusammen?« Der Gefragte schlug ihm auf die Schulter. »Na klar, alter Gemüsebauer!« Und auch Berthold und Lothar stimmten zu.

»Ebo und seine Frau«, fuhr Päivi fort, »wohnen in ihrem eigenen Sommerhaus.« Sie warf uns einen Blick zu. »Ihr habt dieses schöne, gemütliche Gäste-*aitta.* Da sollen Vreni und Jupp wohnen. Das ist ja nicht weit von hier, sie können schnell hier sein und wieder zu Hause. Seid ihr damit einverstanden, Vreni und Jupp? Und auch Viivi und Detlef haben ihr *mökki* nicht weit von hier am See und übernachten dort. Sie können sogar mit dem Boot von dort hierher kommen! Das haben sie schon mit uns geklärt und festgelegt.«

Sämtliche Angesprochenen zeigten zufriedene Mienen und stimmten den Vorschlägen zu.

Päivi strahlte, nachdem alles so reibungslos über die Bühne gegangen war. Und, oh Wunder, ihr sonst oft so gedankenloser, egomaner Matti hob sie hoch, schrie *»Eläköön!«* (»Hurra!«) und drückte ihr unter dem Applaus der Tischrunde einen dicken Schmatz auf die Lippen.

Bei einem reichlichen Abendschmaus, den Päivi mit einigen befreundeten finnischen Frauen und, wie sie berichtete, unter eifriger Verkostung der Leckerbissen durch Matti vorbereitet hatte, ging der Anreisetag zu Ende. Jupp dirigierte zum Abschluss einen ›gemischten Chor‹ aus Frauen und Männern, der Päivi als Dank ein Ständchen brachte. Wir sangen inbrünstig, jedoch mehr oder weniger melodisch den Kanon: ›Abendstihi-le ü-hü-berall!‹. Anschließend fuhren wir teils zu unseren jeweiligen Quartieren und sanken dort (Alfons, Lothar, Cornelius und Berthold allerdings gleich an Ort und Stelle) erschöpft in die Betten.

08 Eifrige Damen auf dem Fahrrad, bärtige Bauhelfer im Straßenkreuzer und auf Anhänger. Und ein Mäusejäger per Moped.

Der nächste Morgen fand uns frisch und munter und voller Elan. Wenigstens, was Vreni und Jupp, meine Lebensgefährtin sowie meine Person anbetraf. Es war wunderbares, sonniges Wetter, und so beschlossen wir, draußen zu frühstücken.

Wir hatten uns unterwegs, auf der Fahrt vom Hafen in Helsinki nach hier, mit dem Nötigsten eingedeckt. In Finnland findet man auf den allermeisten Raststätten riesige Supermärkte, in denen so ungefähr alles zu haben ist, auch sonntags. Die Waren sind in der Regel nicht ganz billig, aber es ist eben möglich, sich zu versorgen. Übrigens gibt es auch in den ›normalen‹ Geschäften sonntags lange Öffnungszeiten, und in *Suomi* sind selbst an Tagen wie beispielsweise Weihnachten zahlreiche Geschäfte geöffnet, an denen in Deutschland, zumindest in ökonomischer Hinsicht, so eine Art süßes Dolcefarniente angesagt ist, eben allgemeines Nichtstun.

Wir hatten uns soeben an den Tisch gesetzt, die Vöglein zwitscherten in den Ästen der Birken, der heiße Kaffee dampfte in den Tassen, Jupp stapelte mehrere Brotscheiben auf seinem Teller, dick mit *mansikkahillo* (Erdbeerkonfitüre) bestrichen, die beiden Frauen löffelten *kaurapuuro* (Haferbrei) und zeigten dabei verklärte Mienen. Da, mitten in diese Idylle, läutete mein Handy: Matti.

»Wo ihr bleibt, kleines Hühnchen? Ist sich schon sieben Uhr vorbei! Arbeit wartet! Bin ich schon aufgestanden, habe viele Sachen gearbeitetetet!« (Nein, das ist kein Druckfehler! Er sagte wirklich »gearbeitetetet«) Ich reagierte leicht säuerlich, schließlich waren wir erst gestern angekommen. »Dann arbeite mal weiter, Matti! Wir jedenfalls frühstücken erstmal, dann spülen wir das Geschirr, und dann kommen wir rüber zu euch!«

Mein guter finnischer Freund brummelte etwas Unverständliches in seinen Bart, irgendwie klang es wie »Blödmann«. Ich antwortete freundlich: »Bis nachher, Matti, wir sind in etwa einer Stunde bei euch.« Seine Antwort war kurz: »Hmmm!«

Wir vier in unserem Sommerhaus ließen uns durch Mattis ›Alarm-Anruf‹ nicht stören, sondern saßen gemütlich beisammen und genossen in Ruhe den Morgenimbiss. Jupp insbesondere mümmelte inbrünstig seine Brote. Zwischen den Kauaktionen ließ er sich immer wieder mal hören: »Mmmm! Dieses finnische Erdbeerzeugs ist einmalig!« Vreni schaute tadelnd auf sein Brotgebirge. »Deswegen musst du es ja nicht gleich zentimeterdick aufstreichen, Jupp!« Unser lieber Freund und Heimatort-Nachbar zögerte kurz, dann zog er den marmeladeverzierten Mund zu einem Grinsen breit. »Ist sich aber so leckerisch, um's mal mit Mattis Worten zu sagen«, griente er und schob einen Riesenbissen hinter die Zähne.

Gut gelaunt und wohlgesättigt starteten wir wenig später Richtung Mattis Schule. Je näher wir dem Ziel unserer Fahrt kamen, umso mehr Fahrzeuge jeglicher Art bevölkerten die schmale Straße: Zwei Kleinlastwagen dieselten bald vor uns her, ein Moped, eindeutig aus den 1950ern stammend, knatterte gemächlich den Straßenrand entlang. Der Fahrer trug passende Kleidung inklusive einer ebenfalls in diese längst vergangenen Zeiten zu datierenden Lederkappe, als weder in noch auf den Köpfen Integralhelme existierten. Hinterdrein zog sein Maschinchen einen kleinen Anhänger, auf dem eine Kiste befestigt war mit unbekanntem Inhalt.

Drei nicht mehr ganz jugendliche Damen radelten mit *sisu*, dem typisch finnischen Elan und der dazugehörigen einzigartigen Unerbittlichkeit über die unbefestigte Straße. Offenbar hatten sie gemeinsam beschlossen, dem Mopedfahrer zu zeigen, zu welchen Strampelleistungen sie fähig waren. Denn sie rückten ihm näher und näher und setzten gar zum Überholen an, was den Armen dazu veranlasste, mittels Vollgas das Letzte aus seinem anachronistischen Gefährt herauszuholen, allerdings leider vergeblich. Eine blaue Wolke ausstoßend schlingerte sein Feuerstuhl gefährlich nach links und rechts – aber da waren die Damen schon vorbei gesaust. Ich vermeinte noch, ihr Hohnlachen zu vernehmen, als sie bemerkten, wie ihr finnischer Konkurrent sich vom Sattel erhob und mit schaukelnden Bewegungen seines Oberkörpers das Mopedchen zu schnellerem Fahren veranlassen wollte.

Zuletzt, wir hatten Mattis Immobilien-Erwerbung fast erreicht, fuhr ein Personenwagen an uns vorbei, aus dem uns bei der Vorüberfahrt vier Herren mit ernsten Mienen anschauten. Das ist ja nun nicht unbedingt etwas Ungewöhnliches, es ist schließlich jeder und jedem überlassen, welchen Gesichtsausdruck sie oder er in bestimmten Momenten für angebracht hält. Etwas unkonventionell jedoch war der Anhänger, den das Fahrzeug hinter sich her zog – oder richtiger, nicht der Anhänger als solcher, sondern seine Ladung: Wir sahen mehrere Säcke, die Fertigbeton oder ähnliches Material enthielten. Sie waren mehrlagig gestapelt und mit Riemen befestigt. Auch das fanden wir alle, einschließlich unserer Frauen, durchaus nicht auffallend.

Dagegen staunten wir über zwei weitere Herren, die oben auf den Säcken saßen und sich mit erheblicher Kraftanstrengung und bewunderungswürdiger Körperbeherrschung an die Seitenwände des Hängers klammerten. Bei jedem Schlagloch, das sie durchquerten, vollzogen sie einen Luftsprung und wurden kräftig durchgeschüttelt. Auch diese zwei zeigten ernste, ich möchte fast schreiben, andachtsvolle Gesichter, wirkten jedoch nicht gerade glücklich und entspannt.

Nachdem wir die erwähnten Verkehrsteilnehmer passiert hatten, beziehungsweise diese uns, war in unserem Fahrzeug eine gewisse Schweigsamkeit zu bemerken, ganz im Gegensatz zur Situation vorher. Da hatte uns der liebe Jupp pausenlos mit allerlei Schwänken aus seiner Jugend unterhalten. Jetzt saß er still und hatte seine Stirn in nachdenkliche Falten gelegt. Auch meine eigentlich immer muntere Ehefrau und die sonst nicht minder agile Vreni waren in Gedanken versunken und wirkten leicht verstört.

Mich selbst dagegen hatten die beschriebenen Begegnungen ziemlich unbeeindruckt gelassen. In den vielen Jahren meiner Freundschaft mit Matti war ich peu à peu so ungefähr in jeglicher Hinsicht abgehärtet worden – jedenfalls, was den finnischen Chaoten, seine Spleens und selbstverständlich auch seine Männerclique anbetrifft. Insofern hatte ich nichts anderes erwartet, als dass wir es bei der Sanierung seines musealen Schulgebäudes nicht nur mit deutschen Spinnern zu tun haben würden, sondern auch mit einheimischen.

Beim Einbiegen auf Mattis ›Schulhof‹ empfing uns durchaus nicht die rege Betriebsamkeit, die nach dem Alarm-Anruf meines lieben finnischen Freundes während unseres Frühstücks zu erwarten gewesen wäre. Wir sahen: a) Die zwei Lastwagen, leer und verlassen. b) Drei Damenfahrräder, lässig an die Hauswand gelehnt. c) Den Feuerstuhl mit dem angehängten Karren. Auf dem Sattel schlummerte die Ledermütze einsam vor sich hin, die sich der Besitzer dieses Gefährts vorher übergestülpt hatte. d) Die Benzinkutsche mit dem Anhänger, die den vier plus zwei ernsten Herren dazu gedient hatte, hierher zu gelangen.

Durch die offenstehenden Fenster des Hauses ließ sich vielstimmiges Gemurmel hören, immer wieder mal unterbrochen von *»Oho!«* und *»No niin«!* Jemand klapperte vehement mit irgendetwas. Wir blieben vorsichtig stehen, blickten uns an und lauschten mit gespitzten Ohren, bis schließlich eine Stimme alles übertönte: *»Hiljaa!«*, forderte Matti in dröhnendem Bass, was auf Deutsch nichts anderes heißt als »Ruhe!« Und wahrhaftig, das Geplapper wurde beendet.

Obgleich wir, wie geschildert, nicht im Inneren des Gebäudes waren, konnte ich mir Mattis Mimik in diesem Moment sehr gut vorstellen: hoch aufgerichtet, die Brauen bis zum Haaransatz nach oben gezogen, augenrollend die versammelte Mannschaft mit strengem Blick musternd. Ich musste unwillkürlich lächeln, winkte Vreni und Jupp sowie meiner Lebensgefährtin aufmunternd zu und schritt gemächlich Richtung Hauseingang.

Als wir ins Zimmer kamen, fanden wir alle Akteure dort versammelt. Matti hatte sich eine alte Holzkiste geschnappt. Auf der stand er in erhabener Pose, einem römischen Feldherrn nicht unähnlich und teilte als Meister der Bauorganisation und ›Boss‹ die anstehenden Arbeiten den seiner Meinung nach dafür geeigneten Gesellinnen und Gesellen zu. Je nach Adressat bediente er sich dabei der finnischen oder der deutschen Sprache.

Die getreuen Hilfskräfte lauschten begierig den Ausführungen des großen Genius. Wir vier Neuankömmlinge wurden von ihm mit den herzlichen Worten begrüßt: »Da seid ihr ja endlich, kleine Waschbärchenchen. Wurde sich auch Zeit!« Donnerwetter! Das war ja sogar der dreifache Diminutiv!

Wir wurden von allen Anwesenden freudig und mit offenen Armen in Empfang genommen. Jens Machtniks nickte uns gönnerhaft zu, Fridolin zog umgehend seine Mundharmonika aus der Tasche, wurde jedoch von Lothar daran gehindert, ein Begrüßungsständchen zu geben, indem unser erfahrener Fußballtrainer (bekanntermaßen seit Jahren Trainingsleiter unseres dörflichen Fußballvereins ›FC FF 78‹) ihn von hinten so fest umklammerte, dass dem Musikus die Luft wegblieb.

Ich hatte schon gewusst, dass Lothar, mein spezieller Spezi, durchaus kein Freund von Musik ist, ausgenommen die Hymne ›Fußball ist unser Leben‹. Die stimmt er bei jeder passenden und unpassenden Gelegenheit an. Dass er allerdings den bedauernswerten Fridolin so unsanft-gnadenlos am Musizieren hinderte, überraschte mich doch einigermaßen. Wie ich dann hörte, hatte Fridolin schon seit dem frühen Morgen ohne Pause seine Übungsstückchen gedudelt, sobald er und die übrigen Machtniks mit Matti und Päivi am ›Schulhäuslein‹ eingetroffen waren. Und, wie ich dann erfuhr, hatte Lothar ihn schon einige Male ›verwarnt‹, dass sein Blaskonzert zunehmend nerve. Der Erfolg dieser Beschwerde war jedoch über lange Zeit gleich Null: Der Mundharmonikaner war so in sein konzertantes Fiepsen, Piepsen und Flöten vertieft, dass jeglicher Protest ihn nicht erreichte. Erst wenige Minuten vor unserem Eintreffen hatte er sein Instrument in seiner Jackentasche verstaut, mit der vornehm-würdevollen Bemerkung: »Jetzt muss ich meine Lippen mit einem kleinen Schluck vom Frühstückskaffee benetzen.« Kann man es also Lothar verdenken, dass er letztendlich handgreiflich wurde?

Während Lothar demnach Fridolin mit Brachialgewalt daran hinderte, mittels Blasinstrument mehr oder weniger melodiöse Volksweisen, Kirchenlieder oder auch Gassenhauer zum Besten zu geben, wirkten die übrigen deutschen Mitglieder des Bautrupps noch etwas verschlafen. Wie sich herausstellte, war ihr nächtlicher Schlummer durch unaufhörliches leises Trippeln und Trappeln und Rascheln gestört worden, dessen Ursache und Lokalisation sie nicht eruieren konnten.

Silkchen fand das sehr aufregend, als sie davon hörte. Sie war altersbedingt zumindest teilweise noch in der Märchen- und Zauberwelt verhaftet und meinte, es seien bestimmt Zwerge gewesen, die in diesem ›ollen Haus‹ lebten. Tommi, ebenso altersbedingt überlegen, schnaufte daraufhin nur verächtlich und ließ ein sehr erwachsenes »Quatsch mit Sauce!« hören. Jens, als er das vernahm, versuchte, Silke in Schutz zu nehmen. »Kann wirklich sein, Silke! Diese ›tonduhs‹ gibt's ja in Finnland«, meinte er. Dass es korrekt *tonttu* heißt, zumindest im Singular, störte Herrn Machtniks selbstverständlich nicht im Geringsten.

Zur Erläuterung: Ein *tonttu* ist eine Art gutmütiger Wichtel. Insbesondere zur Weihnachtszeit treiben diese rotbemützten Winzlinge nach Meinung der Kinder und vieler Erwachsener allerlei harmlosen Schabernack. Gerne wird ihnen dann in einer Ecke ein kleines Schüsselchen Milchreis kredenzt, damit sie der Hausgemeinschaft wohlgesinnt und gewogen bleiben.

Als die vier deutschen Gesellen uns von der Ruhestörung wegen des anhaltenden Gewusels und Krabbelns berichteten, ohne eine Erklärung für dieses lästige Phänomen zu finden, stand Matti dabei, die Hände in den Hosentaschen, streckte seinen Bauch vor, schaute überlegen und verzog sein Gesicht zu einem schiefen Lächeln. Dann verkündete er mit Stolz: »Seid ihr alle kleine Eichhörnchenchen! Versteht ihr nix! Ist sich nix Gefahrvolles! Ho ho ho!« Er legte eine Pause ein, um den Eindruck seiner kommenden Erklärung zu steigern. Die Versammlung wartete gespannt. Die umstehenden Finninnen und Finnen, obgleich der deutschen Sprache nicht oder nur bruchstückhaft mächtig, schienen ebenfalls vom bühnenreifen Auftritt des finnischen Urgesteins gebannt: Sie lauschten fasziniert.

Matti ließ seinen Feldherrenblick nochmals über die gesamte Runde schweifen, wuchs um weitere fünf oder zehn Zentimeter sowohl an Länge als auch an Umfang und sprach nur ein einziges Wort: »Mäuslein! *Hiiriä!*« (*Hiiriä* sind Mäuse)

Die anwesenden Finninnen und Finnen nickten sofort, denn sie alle kannten dieses Phänomen von ihren eigenen Sommerhäusern her. In den alten doppelwandigen, holzbeplankten Gebäuden leben nämlich in der Regel gerne ganze Mäusekolonien, die besonders nächtlicherweise eifrig aktiv werden. Dazu kommt, dass in diesen gegebenenfalls noch aus der Jahrhundertwende, und zwar der um 1900 (!), stammenden Bauwerken die Kälteisolierung zwischen Wohnstube und dem direkt oberhalb gelegenen, unausgebauten Speicher mittels Sägemehl vorgenommen wurde. Das haben die Ahnen, als sie die Kate errichteten, in dicken Lagen auf den Dachboden geschüttet. War letztlich naheliegend, denn Holz wurde und wird bekanntermaßen damals wie heute viel in Finnland verarbeitet. Es wird gespalten und vor allen Dingen gesägt, wobei eben in großen Mengen Sägemehl anfällt.

Sollte Matti der Meinung gewesen sein, durch diese Erklärung seine deutschen Schlafgäste zu beruhigen, war er einem Irrtum erlegen. Denn nicht nur die anwesenden Damen kreischten: »Mäuse?!« Nein, ganz gendermäßig riefen auch die deutschen Herren entsetzt: »Mäuse?!«, allen voran Fridolin, der möglicherweise die erschröckliche Phantasie entwickelte, eines der Tiere könne seine Mundharmonika anknabbern. Oder, dass sich gar ein ganzes Mäuseheer mit seiner Blasorgel verlustieren könne!

Jedenfalls ging mir dieser Gedanke durch den Kopf. Ich bemerkte nämlich, dass der Musikus sein Instrument eiligst einpackte, und zwar nicht wie üblich nur in der Hosentasche, sondern sorgfältig in der zugehörigen Pappschatulle, die er noch dazu in die innere Tasche seiner Jacke verstaute und dann sogar den Reißverschluss bis zum letzten Zahn zuzog.

Matti zwinkerte seinen Landsleuten spitzbübisch zu. Er ging zu Recht davon aus, dass sie alle aus den obengenannten Gründen mit derartigen Mäuse-Invasionen vertraut waren. Nachdem die deutschen ahnungslosen Naivlinge sich wieder beruhigt hatten, die, wie Matti mir später unter vier Augen in der Sauna verkündete, »keines kleines Ahnung von richtiges Leben haben«, deutete er mit überlegener Miene auf einen der Finnen. Es war jener, der uns bei der Herfahrt auf seiner Knatterkiste begegnet war und den die drei Damen auf Fahrrädern durch ihr eifriges Strampeln abgehängt hatten.

Jetzt also trat dieses ältere Männlein aus der Versammlungsriege einen Schritt nach vorn und nahm Haltung an. Matti kostete die Gelegenheit, seinen Wissensvorsprung demonstrieren zu können, voll aus. Er stand mit hoch erhobenem Haupt vor uns, musterte die Runde erneut mit Feldherrenblick, zeigte nochmals mit dem Zeigefinger auf den Mopedbesitzer und verkündete mit Stentorstimme: »Das ist sich Reijo! Ist sich Mäusejäger, *hiiren metsästäjä*. Ist gekommen, um Mäuslein zu verjagen. Reijo ist wie Katze. Hat sich viel Erfahrung mit Mäuslein! Spricht sich auch bisschen Deutsch.« Reijo nickte und verneigte sich höflich.

Matti sprach weiter: »Reijo schickt heute Mäuslein in Weiß-ich-nicht-wohin. Aber auf jeden Fall fort aus Schulhaus. Haben lange genug gelernt! Hohoho! Reijo hat gesagt: Morgen Nacht ist sich kein Mäuslein mehr in Wand oder auf Speicher zum Herumlaufen. Stimmt's, Reijo?« Der Mäusespezialist nickte überzeugt und hielt seine beiden Fäuste nach vorne, die Daumen nach oben gestreckt, als Zeichen, dass er für Mäusefreiheit garantiere.

Somit war, zumindest fürs Erste, den Sorgen und Ängsten der deutschen Übernachtungsgäste Lothar, Berthold, Alfons und Cornelius Genüge getan. Reijo flößte ihnen allen Vertrauen ein, zumal er sie beruhigend anlächelte und in gebrochenem Deutsch meinte: »Nicht Angst nötig, ihr Leute! Ich mache, dass alle Maus heute weg.« Und zur Bekräftigung dieses Versprechens führte er die Burschen zu seinem Anhängerchen, öffnete dort die Kiste und kredenzte ihnen allerlei Gerätschaften, deren Funktionsweise den staunenden Zuschauern trotz seiner eifrigen Bemühungen, sie ihnen zu erklären, unklar blieben. Bis auf eines: In dem Sammelsurium fand sich auch eine Art Blockflöte.

Cornelius meinte daraufhin mit altkluger Miene: »Schätze, er macht's wie der Rattenfänger damals in Hameln. Wahrscheinlich spielt er irgendeinen Mäusetango, und die Viecher laufen ihm hinterher.« Zwar spiegelte sich bei diesen Worten in seinen Augen der Schalk, aber bei Cornelius weiß man nie, ob er das, was er sagt, nicht doch ernst meint. Allerdings wurde seine alberne, ›geistreiche‹ Bemerkung umgehend von Reijo widerlegt, denn der Mäusejäger nahm das Flageolott und legte es mit den Worten zur Seite: »Ist falsch hier. *Lapsenlapseni ovat varmaan laittaneet sen laatikkoon!*« (»Das haben bestimmt meine Enkelkinder in den Kasten gelegt«!)

Während demnach die genannten Vier vom Mäusefachmann über die Maßnahmen informiert wurden, die den kleinen Nagern das Wohnen und Herumkrauchen im Schulgebäude verleiden sollten, war Chef Matti damit beschäftigt, den übrigen Getreuen ihre jeweiligen Arbeitsbereiche zuzuteilen. »Frauen gehören sich in Küche, Essen zu kochen«, meinte er zu den versammelten Angehörigen des weiblichen Geschlechts.

War er lebensmüde, etwas derartiges zu äußern? Das würde

ein Gemetzel geben, da war ich mir sicher, zumal die anwesenden Finninnen alle Deutsch sprachen, wenn auch nicht perfekt. Aber diese acht Wörter verstanden sie garantiert! Alle!

Ich stellte mich darauf ein, von meinem finnischen Freund in Kürze nur noch Einzelstücke vorzufinden, vielleicht einen Zahn, Zähne gelten ja als unverwüstlich. Möglicherweise, so überlegte ich rasch, wäre es nett, wenn ich mir daraus einen kleinen Anstecker fertigen ließe, fürs Revers an meinem Sonntagssakko, zur Erinnerung an das finnische Original ...

Und jawohl, es kam, wie es kommen musste: Zwar wurden die Frauen zu meiner Enttäuschung nicht handgreiflich, ausgenommen Päivi, die ihrem Gemahl nicht nur einen, sondern eine regelrechte Salve mehr oder weniger ›zärtlicher‹ Klapse versetzte. Aber das Getümmel und Protestgeschrei war durchaus geeignet, jedem Mannsbild ein ausgeglichenes, selbstzufriedenes Seelenleben dauerhaft zu ruinieren. Nicht jedoch bei Matti: Der Chaot steckte die körperliche Zurechtweisung durch Päivi ungerührt weg und zeigte trotz des Tumults und der Revolte ein unbekümmertes, glückseliges Gesicht. Es war klar, er hatte diese Reaktionen bewusst provoziert.

Das Ergebnis der Konferenz war jedenfalls für die weibliche Riege zufriedenstellend, setzte sie doch durch, gleichberechtigt an den handwerklichen Arbeiten teilzunehmen. Die Männer sollten und mussten im Sinne der ausgleichenden Gerechtigkeit in entsprechendem Umfang Küchendienste ableisten. Diese Vereinbarung sorgte zwar zu murmelndem Widerspruch seitens eines Teils der männlichen Anwesenden, aber lautstarker oder gar handgreiflicher Protest blieb aus.

Ein kluger Vorschlag bei der Einteilung der verschiedenen Mithelferinnen und Mithelfer zu den einzelnen anstehenden Arbeiten, von Jens übrigens mit wichtiger Miene als »offizielle

Vergabe der Gewerke« bezeichnet, kam von Detlef: »Matti, die Deutschen können ja überwiegend kein Finnisch.« Das löste natürlich direktemang einen empörten Zwischenruf von Jens Machtniks aus: »Ich schon!«

Klugerweise blieb Detti ungerührt, missachtete diesen Einwurf schlicht und fuhr fort: »Und die finnischen Freunde sprechen nur wenig Deutsch. Was haltet ihr davon, wenn wir zu jeder Arbeitsgruppe mindestens ein Mitglied nehmen, das beide Sprachen einigermaßen beherrscht? Bei uns Deutschen gibt's den Ebo und mich (Jens, empört: »und mich!«), bei den Finnen sprechen Ebos Frau und meine Viivi (»Du meinst Fiefi!« – erneut Jens) fließend Deutsch. Und die anderen finnischen Frauen sprechen wohl auch relativ gut Deutsch, wie's bei den Männern damit aussieht, weiß ich nicht.«

Matti nickte. »Sehr gutes Idee! Habe ich natürlich auch schon selbst gedacht!« War ja klar … Ich muss indessen gestehen, der Bursche bewies überraschend Cleverness und taktisches Geschick: »Jenslein, kleines Waschbärchenchen, sollst du zusammen mit kleines Hühnchen Ebo starken Finnen Olli und Jorma helfen bei Stegreparatur. Ist da gut, dass du kannst sprechen Finnisch. Sollen von Frauen Mervi und Annikki auch bei Steg mithelfen.« Sicherheitshalber übersetzte er diesen Vorschlag ins Finnische. Ich nahm allerdings an, die zwei finnischen Mannsbilder konnten ebenso wie die beiden Frauen genügend Deutsch, um zu verstehen, was er festgelegt hatte. Jedenfalls behielten beide Urgesteine ihren eisenharten, ernsten Gesichtsausdruck bei, der uns schon beeindruckt hatte, als sie uns in ihrem Automobil überholt hatten. Sie senkten jedoch zum Zeichen ihrer Zustimmung ihre Köpfe für den Bruchteil einer Sekunde um etwa zehn Millimeter.

Matti zog ein Notizbuch aus der Tasche und blätterte darin.

»Hohoho!«, tönte er und warf seinen Feldherrenblick in die Runde. »Brauchen wir noch Kochleute und Dienerlein für Küche. Sollen sein (er hob einen gestreckten Zeigefinger in die Höhe) Viivi, Riitta, Vreni zum Essen – Nein, nicht zu essen, sondern Essenmachen – Jupp und Fridolin zu dienern.«

Fridolin freute sich. »Sehr gut, da kann ich meine neueste Erwerbung gut gebrauchen!« Er verschwand mit großen Schritten, und wir sahen ihn wenige Sekunden darauf am Kleinbus stehen, mit dem wir von Deutschland nach hier gekommen waren. Er kramte angestrengt unter den Vordersitzen und wandte uns den Rücken zu. Als er sich aufrichtete, hielt er einen schmalen Karton in der Hand, warf die Wagentür zu und kam eilends zurück.

Ich hatte beim Beladen des Fahrzeugs in Deutschland diesen Kasten bemerkt, ihm aber keine Aufmerksamkeit geschenkt. Jetzt hielt der Mundharmoniker die Pappschachtel triumphierend in der Hand und platzierte sie auf dem Tisch. Wir standen voller Spannung im Kreis, als er mit großer, theatralischer Geste das Päckchen öffnete. Unter »Tätärätä!« zog er ein metallisches Gebilde hervor. Ich vermutete als erstes einen zusammenklappbaren Notenständer. »Was will er damit in der Küche?«, fragte ich mich.

Doch meine Vermutung war nicht richtig. Es dauerte einige Zeit, bis der Bursche die einzelnen Metallstangen entsprechend der beiliegenden Anleitung korrekt zusammengeschraubt und die ebenfalls beigefügte Polsterung da befestigt hatte, wohin sie gehörte.

Polsterung? Jawohl, Polsterung! Denn: Es handelte sich durchaus nicht um einen Notenständer …

Matti hatte anfangs geduldig abgewartet, wurde aber allmählich immer nervöser und setzte mehrfach an, die weiteren Bauaufgaben zu verteilen. Er wurde jedoch jeweils durch böse Blicke von Fridolin daran gehindert. Oh ja, auch die kann der Musikus zeigen, wenn er bei Tätigkeiten gestört wird, die etwas mit seiner genialen Tonkunst zu tun haben.

Was aber hatte es mit der erwähnten Polsterung auf sich? Nun, eine Schulter- oder richtiger Nackenhalterung für seine Mundharmonika, denn um eine solche handelte es sich, wäre sicherlich äußerst unangenehm zu tragen, wenn dieses Bauteil fehlte.

Der virtuose Mundharmonikaster stülpte sich das Gestell umgehend über den Kopf, drehte und schraubte an den Knöpfen, bis er zufrieden war, spannte sein Blasinstrument in die Halterung und begann zu konzertieren. Die Versammlung dankte es ihm, indem sie ihn mit vereinten Kräften freundlich aber bestimmt zur Tür hinaus und in die Küche komplimentierte. Jupp begleitete diese Maßnahme mit den aufmunternden Worten: »Da kannst du schon mal die Akustik in der Küche prüfen, Fridolin!«

Die Zuteilung der übrigen Personen zu den anstehenden Bauvorhaben ist rasch berichtet: Das einzeln stehende kleine Wohnhaus hinter der Schule sollte Wirkbereich sein für meine Lebensgefährtin, darüberhinaus für Claudia, Cornelius und Lothar, Päivi sowie für Lasse und Markku, die beiden durchgeschüttelten, kräftigen Burschen vom Anhänger. Matti hatte sich offenbar überlegt, dass hier voraussichtlich die umfangreichsten und mühseligsten Arbeiten anfielen.

Risto und Pentti, die beiden weiteren Pkw-Insassen neben den für die Stegreparaturen eingeteilten Hünen namens Olli und Jorma sollten gemeinsam mit Detlev den maroden Flur, durch den Matti uns schlitzohrig und gewitzt anfangs ins Schulgebäude geführt hatte, aufräumen und mit der Sanierung beginnen. Matti selbst wollte sich zusammen mit Alfons und Berthold um die Bäder und Toiletten sowie die Sauna kümmern – woraus man, um der Wahrheit die Ehre zu geben, ersehen kann, dass er sich selbst nicht von unangenehmen Tätigkeiten ausnahm. Er ist eben trotz seiner großen Klappe und seiner diversen Spleens im Grund genommen ein ehrlicher Bursche – wie die meisten Finnen.

Den Kindern Silke und Tommi wurden keine festen Aufgaben übertragen. Tommi wollte sich kurzfristig darüber beschweren, aber Jens als fürsorglicher Vater, auf Grund langjähriger Übung erfahren im Vermeiden jeder unnötigen Arbeitsbelastung, stieß ihn in die Rippen und flüsterte: »Bist du verrückt? Guck doch mal, wie herrlich die Sonne scheint und der See glitzert! Geh' schwimmen oder leg dich in die Sonne, Tommi. Oder spiel was mit Silkchen!«

Mit diesen Worten verschwand Jens Richtung Kleinbus, um sich umzuziehen. Wenig später erschien er in Badehosen und strebte dem Strand zu. Schließlich war er zu Stegarbeiten eingeteilt …

Und die Sonne wärmte wirklich, und das Wasser wirkte so wunderbar erfrischend.

09 Arbeit in der Sauna und am Steg. Und spannende Funde beim Aufräumen im Schulmeisterhaus.

Die Aufgabenverteilung hatte doch mehr Zeit beansprucht, als Matti geplant hatte; inzwischen war es fast elf Uhr geworden. Alle waren eifrig zu Gange. Tommi hatte den Rat seines Vaters nicht befolgt, sondern beteiligte sich tatkräftig bei den Arbeiten: Hier schleppte er Holzbohlen zum Strand für die Stegerneuerung, dort half er der Gruppe, die das ehemalige Wohnhaus des Schulleiters entmüllte und entrümpelte, dann wieder erschien er in der Küche, machte sich beim Kartoffelschälen nützlich und stibitzte mit stiller Duldung durch die Küchenmannschaft so manche Leckerei. Kurz, er erwies sich, zumindest was die Mitarbeit anbetraf, als das ziemliche Gegenteil seines Herrn Papa.

Silkchen hatte ebenfalls ihren Platz in der Küchenmannschaft gefunden. Sie assistierte beim Saucenrühren und dabei, den Nachtisch vorzubereiten. Diverse ›Leckerli‹ wanderten dabei in ihren Mund, und das, fand sie, war nur richtig so.

Der Erzeuger der beiden Jugendlichen, Jens Machtniks mit Namen, wirkte, in Badehosen gekleidet, bei der Stegreparatur nach Kräften mit. Um genau zu sein: nach seinen Kräften. Beziehungsweise, um es noch exakter zu schildern, entsprechend dem Anteil an seinen Kräften, den Herr Machtniks bereit war, für diese Tätigkeit zur Verfügung zu stellen. Ich weiß, meine Angaben sind kompliziert. Aber so war es nun mal, und so ist Freund Jens strukturiert.

Demnach stand er im Wasser, genoss den warmen Sonnenschein auf Schultern und Rücken und hielt gelegentlich eine Holzplanke fest, wenn sie angenagelt wurde. Dazwischen betrachtete er andachtsvoll und konzentriert seine Unterschenkel, seine Füße und Zehen auf dem Seeboden, immer wieder staunend, wie sie durch das Wasser optisch verzerrt, gekrümmt und anderweitig verändert wurden.

Die sowohl in Bezug auf ihren Körperbau als auch ihre Mimik gewichtigen finnischen Urgesteine Olli und Jorma waren in orange-gelbe Overalls geschlüpft und trugen lange Gummistiefel an den Füßen, deren Schäfte ihnen bis an den Bauch reichten. Warum sie diese sperrige Montur und die beschriebene Fußbekleidung angezogen hatten, war – zumindest mir – unklar. Sie standen ebenfalls im See, nahe dem Ufer, wo die Wassertiefe nur gering ist. Dort rüttelten und schüttelten, zerrten und zogen, drückten und drehten, zupften und rupften sie mit zusammengebissenen Zähnen und ständigem *»No niin!«*-Gestöhne an den Pfählen, die zwar oben im Laufe der Jahrzehnte morsch geworden waren, dafür aber umso fester im Seegrund steckten. Daneben bestand ihre Arbeit darin, die von Jens dargereichten Planken teilweise an neue Stützen anzunageln, die schon im Seegrund verankert und befestigt waren. Den Hauptanteil dieser Jensschen Bretter jedoch legten sie ›dankend‹ wieder zur Seite, weil es dafür in diesem Moment noch keine sinnvolle Verwendung gab.

Jens ließ sich hierdurch nicht stören. Er betrachtete sinnend für ein oder zwei Minuten seine Unterwasser-Zehen, griff sich dann eine weitere Planke, musterte sie, ob sie gerade war, indem er fachmännisch längs über ihre Kante schaute und reichte sie anschließend den beiden Finnen wieder an.

Die ›zugeteilten Damen‹ Mervi und Annikki waren inzwischen in der Sauna zugange, da sie am Steg nicht helfen konnten. Sie hatten hartborstige Bürsten in den Händen, in Eimern auf dem Saunaboden schwappte Wasser mit *mäntysuopa* (Flüssigwaschmittel aus Kiefernöl), in das sie ihre Wurzelbürsten immer wieder eintauchten. Sie schrubbten in der Strandsauna die Sitzbänke, den Boden, die Wände, die Decken, die Fensterbretter, die Holzbottiche, die Kleiderhaken im Vorraum, den Boden, die Wände, die Sitzbänke, den Boden, die Sitzbänke, die Holzbottiche, die Fensterbretter, die Kleiderhaken, die Sitzbänke, den Boden, die Holzbottiche ...

Zwischendurch diskutierten sie mit mindestens ebensovielen *»No niin!«* wie die Männer am Steg, ob es erforderlich sei, auch den Saunaofen einschließlich der Ascheschublade auszubürsten. Annikki (*»No niin!«*) war dafür, Mervi (*»No niin!«*) dagegen, mit der Begründung, dann müssten sie die gesamte Sauna nochmals gründlichst putzen. Diese Aussage wiederum veranlasste Annikki (*»No niin!«*) zu der Feststellung, das sei doch nicht tragisch. Sie hätten ja sonst nichts zu tun, denn der Steg sei noch nicht fertig, so dass sie ihn nicht bürsten und säubern könnten. Erfolg hatte sie mit dieser Argumentation nicht, denn Mervi (*»No niin!«*) lehnte eine nochmalige Saunasäuberung ab. Sie (*»No niin!«*) sehe, der Deutsche draußen am Steg scheine irgendein Problem mit seinen Füßen zu haben, weil er ständig ins Wasser schaue (*»No niin! Katso, taas!«* – *»No niin!* Guck, schon wieder!«).

Ob sie ihm wohl helfen sollten? Zumindest könnten sie fragen, was los sei, meinte sie besorgt und wartete Annikkis Antwort gar nicht ab, sondern ging zu Jens, stellte sich neben ihn und blickte ebenfalls ins Wasser. Sie bemerkte: Nichts. Der See war wunderbar klar, und die Füße des Deutschen völlig in Ordnung, fand sie. »Hast du Schmerz?«, fragte sie dennoch sicherheitshalber. Der deutsche Fachmann in unkonventionellen Verhaltensweisen sah sie erstaunt an. »Nö, warum?« – »Dachte ich, weil du deine Füß anschauest«, äußerte Mervi in recht flüssigem Deutsch. Jens lief rötlich an. Nicht sehr stark, eher

Schweinchen-rosa, aber immerhin. »Ist nur etwas kalt hier im Wasser«, versuchte er sich zu erklären. Die Finnin schüttelte erstaunt ihren Kopf. Dieser Deutsche war ganz offensichtlich ziemlich verweichlicht, wenn er diesen sommerwarmen See als kalt empfand. Was sollte sie dazu sagen, außer: *»No niin.«* Kurzzeitig war sie versucht, den Rücken dieses deutschen Mannes mit ihrer Bürste zu bearbeiten, nahm aber Abstand von dieser Idee, als sie feststellte, dass die beiden finnischen Hünen Glotzaugen machten.

Während also an Sauna und Steg nicht nur gearbeitet, sondern auch neue Kontakte geknüpft wurden, werkelte die Gruppe ›Schulleiter-Villa‹ eifrig im Häuschen hinter der eigentlichen Schule. Meine verehrte Göttergattin, Päivi und Claudia waren eifrig damit beschäftigt, tausenderlei Gegenstände in Kartons zu verpacken. Päivi hatte, wie sie berichtete, schon seit Wochen sämtliche Zeitungen konfisziert, auch von Nachbarn und Freunden, als Verpackungsmaterial. »Ich habe schon an Anfang von Besichtigung gesehen, alle Schränke und Regale hier sind voll von Sachen!«, meinte sie zu Claudia und hielt als Beleg eine knallorange Steingutvase hoch. »Ist wunderbares Vase für *kirpputori* (Flohmarkt).« Meine Ehefrau nickte Beifall. »Guckt' mal hier!« Sie präsentierte einen Serviettenständer aus Kupferdraht und Holz in der einen und einen Strauß Kunstrosen aus Plastik in der anderen Hand. Claudia hatte inzwischen eine Schublade aus einem Nachttisch gezogen und reichte sie zwecks Inaugenscheinnahme an die beiden Freundinnen weiter. Dann beugten sich drei Damenköpfe über den Kasten und jubilierten: »Oh, wie herrlich!« Claudia zeigte eine Halskette aus echten falschen Perlen. »Oder hier!« Meine bessere Hälfte hielt dagegen und blätterte in einem finnischen Gedichtband von 1923.

Schon wollte sie beginnen zu rezitieren, da hob Päivi mit spitzen Fingern eine Pappschachtel aus den Tiefen der Lade. Dabei zögerte sie kurz, was die beiden anderen Damen durchaus registrierten. Mit leichtem Erstaunen wandten sie sich Päivi zu. Die hielt etwas in ihrer geschlossenen Hand, wirkte leicht verlegen und blickte verstohlen zur Zimmertür. Die Stimmen von Lothar, Cornelius, Lasse und Markku waren zwar zu hören, die Burschen waren aber eindeutig nicht in der Nähe, sondern in einem der anderen Räume zu Gange.

Päivi schaute ihre Geschlechtsgenossinnen spitzbübisch und gleichzeitig leicht verschämt an und hob ihre geschlossene Faust.

Dann öffnete sie langsam ihre Finger und brachte ein kleines quadratisches Pappschächtelchen zum Vorschein. Die drei stießen beim neugierigen Versuch, die geheimnisvolle Entdeckung zu betrachten, fast mit den Köpfen zusammen.

»Oohh!«, hauchte es daraufhin in der Runde. Claudia allerdings war noch etwas unsicher. »Ist es das, was ich vermute?«, fragte sie, als sie die elegant geschwungene Aufschrift ›Sultan‹ las. Päivi tat jetzt dicke. »Na klar! Das sind *kondomit* (ist die Übersetzung ins Deutsche erforderlich?), und zwar uralte, bestimmt über 40 Jahre alt oder mehr!« – »Was machen wir damit?« Das war erneut Claudia. Die beiden Finninnen lachten frech. »Die schenken wir Jens!« Claudia grinste. »Wehe euch!« Nach einer kurzen Pause ergänzte sie: »Bin mir übrigens nicht sicher, ob der Kerl überhaupt wüsste, was das ist.« Und nach weiterem sekundenschnellem Überlegen meinte sie nachdenklich: »Na ja, wahrscheinlich schon.«

Letzten Endes wanderte das ominöse Schächtelchen in einen der bereitstehenden Müllsäcke.

Einige Minuten danach tauchte Tommi auf. Es war deutlich

interessanter, hier in dem alten Haus herumzustöbern, als in der Küche Erdäpfel zu schälen. Eifrig begann er, die Schränke, Nachttische, Kommoden und Truhen im Zimmer zu inspizieren. Und es dauerte auch nicht lange, da hielt er triumphierend einen Gegenstand hoch.

Nein, keine weitere Packung mit Präservativen! Eine solche hatte er zwar auch entdeckt und sich klammheimlich geschnappt, sie aber dezent in seine Hosentasche gesteckt. Nicht, um sie zu benutzen, dafür ist er mit seinen fast 16 Jahren denn doch zu clever und weiß genau, dass sie bei einem mehr als 30 bis 40 Jahre alten Verfallsdatum nicht mehr ›praxistauglich‹ sein dürften. Aber um damit später, nach den Ferien, vor den Schulkameraden damit zu protzen, konnte die Packung immer noch dienen, fand er.

Als er nun, zu den Damen der ›Aufräumtruppe‹ gewandt, seine Finger bewegte, klapperte irgendetwas in seiner Hand. Gleichzeitig tönte der Schlingel mit Grabesstimme: »Hallo, guten Tag, meine Damen, herzlich willkommen beim Klappergebiss!« Ein derartiges Drahtgestell mit appetitlichen, elfenbeinfarbenen Kunststoff-Beißerchen hatte er also in einer der Nachttischschubladen entdeckt. Und die Art der Präsentation seines Fundes bewies einmal mehr, dass er der würdige Nachkomme von Jens Machtniks ist.

Die Frauen, in perfekt gespieltem Schrecken, kreischten: »Iiihh!«, was dem Bengel selbstverständlich sehr gut gefiel. »Igitt, Thomas, tu' das weg! Das ist ja ekelig!« Claudias Mund war zu höchster Abscheu verzogen. Kein Wunder, klimperte Tommi doch weiterhin aufreizend mit dem alten Gebiss. Statt diesem Wunsch oder besser Befehl seiner Frau Mutter zu folgen, ließ der Bursche die falschen Zähne erst recht wild scheppern und kicherte dazu: »Hihihi! Warum magst du mich nicht, schöne Frau?« Woraufhin die Stimmen des Frauentrios unisono erklangen: »Pack das Ding weg, Thomas! Sofort!«

Als Reaktion zog Tommi zwar seinen Kopf etwas ein und stopfte die Ersatzzähne in seine Hosentasche zu seinen anderen Schätzen, gleichzeitig brummelte er leise, aber doch vernehmbar: »Zeig' ich's eben dem Papa.« Damit verschwand er Richtung Steg.

In den anderen Räumen des Direktorenhäuschens wirkten und werkelten die vier ›Auserwählten‹: Lasse, Markku, Lothar und Cornelius. Sollte jemand denken, diese Männerclique hätte Verständigungsprobleme gehabt, weil die Finnen kaum Deutsch und die Deutschen so ungefähr kein Wort Finnisch sprechen konnten, dann ist das prinzipiell richtig. Grundsätzlich aber kamen die Kerle blendend miteinander aus, schon wegen des ausgeprägt schweigsamen finnischen Charakters der zwei Ernsten vom Pkw-Anhänger. Da wurde nicht viel geredet, beim Räumen, Einreißen, Zertrümmern und Entzweischlagen. Die Konversation beschränkte sich überwiegend auf: »Da!« »Oh!« »Gut!« »Weg!« »Aua!« »Oho!« »Fest!« »Mist!« *»Perkele!«* (Verdammt!) und selbstverständlich das zur Abwechslung und Aufmunterung immer mal eingeworfene *»No niin!«*

Nur in besonderen Fällen riefen die Herren eine der doppelsprachigen Frauen zwecks Übersetzung oder auch zu einer erforderlichen Wundbehandlung zu Hilfe. Zum Beispiel, als Cornelius beim gewaltsamen Losschlagen eines Holzteiles den schönsten Mittelfinger von Markku traf statt des Balkens. Dieser Fehlschlag löste beim so Malträtierten nicht nur ein recht kräftiges *»No niin!«* aus, sondern auch den ganz internationalen Wehlaut: »Aaauuuu!«, gefolgt von einem auch ohne Fremdsprachenkenntnisse von vielen Nationen verstandenen lautstarken *»idiootti!«* Cornelius bot zwar per nonverbaler Kommunikation Hilfe an, indem er Markkus Finger packte und kräftig sowie ausdauernd darauf pustete. Doch dies bewirkte bei Markku nur ein erstauntes Stirnrunzeln, nachdem er seine diversen Sinne wieder bei sich hatte.

Eine andere Situation, in der die Männer zum Glück frauliche Unterstützung bekamen, entstand auf Grund echter Verständigungsprobleme: Lasse und Lothar arbeiteten gleichzeitig an einem Holzpaneel, das eine Wand bis zur Höhe von etwa eineinhalb Metern vor Beschädigungen schützte. Es handelte sich um echtes Birkenholz, das für diese Verkleidung verwendet worden war. Die einzelnen, senkrecht angeordneten Planken waren mit Schrauben befestigt, von denen etliche locker saßen.

Die beiden inzwischen zu Freunden avancierten Burschen hatten sich mittels Gestik darauf geeinigt, dass Lothar oben und Lasse unten tätig sein sollte. Die Schwierigkeit allerdings ergab sich aus der Tatsache, dass Lasse die Bretterwand entfernen wollte, um kontrollieren zu können, ob die eigentliche Wand in Ordnung und schimmelfrei war. Denn Schimmelbildung ist das zentrale Problem bei diesen älteren Gebäuden. Lothar, unerfahren in derartigen Dingen, war in der Annahme, die schöne Täfelung solle bleiben.

Kein Wunder, dass diese unterschiedlichen Planungen zu unterschiedlichen Arbeitsweisen führten: Oben schraubte der Deutsche die losen Schrauben fest – und zwar so fest wie er konnte. Was, nebenbei bemerkt, bei Birkenholz auf Grund seiner Härte erheblichen Kraftaufwand erfordert. Unten dagegen kniete Lasse mit tief gesenktem Kopf, um bessere Sicht auf die Schrauben zu haben. Er konnte daher nicht sehen, was Lothar oben tat, schwitzte mit hochrotem Gesicht in dieser angestrengten Körperhaltung und bemühte sich mühselig, knallfestsitzende Stifte mit allen Kräften zu lösen.

Beide waren so in ihre Arbeit vertieft, dass weder der eine vom anderen noch der andere vom einen bemerkte, was er da jeweils bewerkstelligte. Sie hätten vermutlich noch lange so weitergearbeitet, denn die Wand war etwa sechs Meter lang, wenn die liebe Päivi nicht mehr oder weniger zufällig den Raum durchquert hätte. Sie blieb kurz stehen, um der Arbeit zuzusehen. Schon nach wenigen Sekunden hatte sie entdeckt, wie paradox und töricht die beiden Helden werkelten. Sie genoss das, wartete einige Minuten schweigend und wohlgefällig, dann stieß sie Lasse sanft mit dem Fuß an.

Nachdem der Finne sich wieder aufgerappelt hatte, deutete sie auf Lothar, der gedankenversunken weiter schraubte und schraubte und meinte zu Lasse: *»Katso!«* (Schau!).

Das tat der so liebenswürdig Angesprochene auch mit wachsendem Interesse, jedoch auch mit zunehmender Ungeduld, gepaart mit dem dringenden Bedürfnis, Lothar ohne großes Federlesen zu massakrieren. Der Deutsche, von der Gefahr, in der er schwebte, nichts ahnend, registrierte nach Ablauf mehrerer Minuten, dass sich am unteren Ende der Holzbretter nichts mehr tat. Nicht wenig erstaunt stellte er seine Schrauberei daraufhin ein. War der Finne etwa so schnell mit seiner Arbeit fertig geworden? Er suchte Lasse, fand ihn auch nicht weit entfernt, nämlich direkt neben sich und war höchlich verwundert, als er in dessen irgendwie leidendes, gleichzeitig aber auch übellauniges und ärgerliches Gesicht schaute.

Nun, es handelt sich schließlich um zwei Herren reiferen Alters mit gesitteten Umgangsformen. Sie blafften sich daher lautstark an, glücklicherweise jeder in seiner für den Gesprächspartner unverständlichen Sprache. Das trug erheblich zur nachfolgenden Versöhnung bei, blieben doch sämtliche Schimpfwörter, an denen es weder im Deutschen noch im Finnischen mangelt, für den Adressaten nicht nur nebulös, sondern sogar dunkel. Die zweisprachigen Damen allerdings im Nebenzimmer hatten ihre Freude und bemühten sich eifrig, Claudia die finnischen Koseworte simultan ins Deutsche zu übersetzen.

Nachdem sich die aufgestaute Frustration bei den Kontrahenten auf diese Weise Luft verschafft hatte, obsiegte doch der freundschaftliche Drang nach wechselseitigem Vergeben. Man schlug sich auf die Schultern, bestätigte sich ewiger Treue und wunderte sich gemeinsam, begreiflicherweise auch wieder jeder in seiner Landessprache (und doch übereinstimmend!), über dieses Missgeschick, das eigentlich doch nur Frauen passieren könne. Sodann begaben sich beide wieder an die Arbeit, diesmal nach Beratung und klaren technischen Arbeitsrichtlinien, die darin bestanden, dass Lasse Lothar vorführte, in welche Richtung er seinen Schraubenzieher zu drehen habe.

Tommi war inzwischen am Seeufer angelangt und wollte Jens dort stolz sein Prachtstück von Zahnersatz vorführen. Jens jedoch war soeben damit beschäftigt, mehrere sogenannte Aufschwimmtanks unter den Steg zu platzieren. Denn Matti hatte aus Umweltgründen entschieden, die bisherigen, zerfressenen Styroporblöcke unter den Planken zu entsorgen und durch neue Auftriebstanks aus Kunststoff zu ersetzen, die mit Luft gefüllt sind. Daher hatten Jorma, Olli und Jens die ursprünglichen Planken entfernt, um an diese alten Schwimmkörper zu gelangen. Jetzt war erst ein kleiner Teil des Stegs neu beplankt. Thomas verschwand daher wieder in die Küche. Und er hatte Glück, man hatte dort soeben damit begonnen, für den Nachmittag *pulla* (süße Hefeteilchen) zu backen. Passender konnte es für den Burschen nicht kommen.

Zurück zu Jens: Wann in seinem bisherigen Leben hatte Herr Machtniks jemals einen Steg errichtet? Antwort: Nie! Wie nicht anders zu erwarten, zeigte sich dies auch sofort. Denn er schnappte sich einen der neuen luftgefüllten Plastikkästen, ›schleppte‹ ihn unter theatralischem Ächzen und Stöhnen zum Steg und versuchte vergeblich, ihn unter den schon beplankten Bereich zu schieben.

Sobald Mervi, Annikki, Jorma und Olli dies sahen, ließen sie sich in Erwartung des Kommenden auf der Bank bei der Sauna nieder. Schließlich musste das zu erwartende Schauspiel in beschaulicher Ruhe delektiert werden. Trotz der erheiternden, unterhaltsamen, natürlich absolut vergeblichen Jensschen Bemühungen, behielten die vier ihre todernsten Mienen bei. Die finnischen Bauarbeiter kauten lediglich immer mal wieder an ihren langen Kinnbärten, mit der Absicht, jedes auch nur angedeutete Lächeln im Zaum zu halten und zu verstecken. Mervi dagegen war schon bald bereit, Jens aufzuklären, wurde aber von Olli mit einem geflüsterten finnischen *»Ei!«* (»e-i«, nicht wie das deutsche »Ei« ausgesprochen, zu Deutsch »Nein«) ausgebremst.

Jens, ver- und erbittert wegen des störrischen Auftriebskörpers, war inzwischen völlig erschöpft. An die hundert Mal war er von dem Gebilde abgerutscht, unter Wasser gedrückt und halb ersäuft worden. Es kam ihm definitiv nicht in den Sinn, dass es schlicht unmöglich ist, einen Auftriebskörper, der dazu konstruiert wurde, einen Steg über Wasser zu halten, unter Wasser zu drücken. Diese ›Blindheit‹ wurde natürlich noch durch Mervis und Annikkis Anwesenheit und die Gelassenheit der beiden versteinert zuschauenden Kraftmenschen gefördert, die Freund Machtniks schweigend tun ließen.

Schließlich erbarmte sich Jorma seiner, nahm ihm das Plastikteil aus der Hand, tätschelte ihm tröstend den Kopf und sagte: »Bist du nicht Stegbauer, Jens! Wir dir zeigen.«

Die Erneuerung des *laituri* (Steg, auch Bahnsteig) nahm dann ihren Fortschritt, wobei Jens, das muss ich zu seiner Ehrenrettung schreiben, aufmerksam und ohne die üblichen Starallüren mitmachte. Olli und Jorma erklärten ihm, wie sie die fertige ›Brücke‹ mittels eines Flaschenzugs so weit anheben würden, dass man die miteinander verbundenen Auftriebskörper ins Wasser legen und anschließend den Steg darauf aufsetzen könne. Diese Hebevorrichtung wollten sie am Nachmittag aufbauen, das erforderliche Material lag schon hinter der Sauna bereit: Balken, Befestigungsmittel und -rolle, Seil und Umlenkrollen.

Inzwischen war es Mittag geworden, die Küchenmannschaft rief zum *lounas* (Mittagessen). Tommi konnte es kaum erwarten, seinem Vater die falschen Zähne vorzuführen; denn das Tollste an ihnen war ja, dass sich alle davor ekelten. Er war sich nur unsicher, ob es nicht zu unbeherrschbaren Schwierigkeiten kommen würde, wenn er diese Kauleisten Jens direkt vorm Essen unter die Nase hielte. War wohl doch klüger, sich das bis später aufzuheben …

Silkchen zeigte er das Gebiss wohlweislich noch nicht. Für seine Schwester hatte er was Besonderes geplant, eine Bastelei, bei der neben der Zahnprothese auch eine alte Plastikgießkanne ohne Henkel und Tülle eine Rolle übernehmen sollte. Das Ding hatte er in der Abstellkammer des Schulleiterhäuschens ausgegraben, in der noch so Allerlei darauf wartete, beschlagnahmt zu werden.

Es war eine vergnügte Gesellschaft, die sich im großen ehemaligen Schulzimmer traf. Die Küchenmannschaft hatte sich große Mühe gegeben, ein leckeres Essen zusammenzustellen. Riitta hatte es sich nicht nehmen lassen, auf ihrem Fahrrad Unmengen an Roggenbrot mitzubringen, das sie zu Hause in ihrem alten steinernen Backofen zuvor gebacken hatte. Als sich die Deutschen bewundernd äußerten, und zwar nicht nur zum herrlichen Geschmack, sondern insbesondere auch wegen des erheblichen Aufwandes beim Backen und Transport, schmunzelte Riitta und äußerte lediglich: »Finnisches *sisu!*«

›*sisu*‹? Ist das vielleicht ein spezielles Gewürz zum Brotbacken? Das nicht, liebe Leserinnen und Leser. Obgleich man es fast so nennen könnte …

›*sisu*‹ lässt sich nicht leicht übersetzen. Es ist ein Konglomerat aus vielen Eigenschaften, und es stecken zahlreiche positive, aber auch einige eher negativ besetzte Begriffe darin: Kraft, Durchhaltevermögen, Energie, Sturheit, Härte, Mut, Willensstärke, Rechthaberei, Entschlossenheit, Ichbezogenheit, Unbeugsamkeit, Zähigkeit, Verbissenheit, Unnachgiebigkeit, Dickköpfigkeit, Beharrlichkeit, Eigensinn und andere mehr.

›*sisu*‹ gilt als typisch finnische Eigenschaft, hat dem Land in zahlreichen schwierigen geschichtlichen Situationen das Überleben ermöglicht und den finnischen Menschen in tausend Alltagssituationen geholfen, sie zu bewältigen. Daher: Mit ›*sisu*‹ regeln die Finninnen und Finnen ihr Leben bis heute und werden dies sicher auch in der Zukunft tun.

Zurück zu Mattis Sanierungsobjekt: Die Unterhaltungen am Esstisch im Schulgebäude wurden überwiegend von den Deutschen bestritten. Die Finnen waren mit dem Essensgenuss beschäftigt, konzentriert und eher einsilbig. Bis auf Matti, der als ›Oberhaupt‹ (»Bin ich Obersthauptester!«) die weiteren Arbeiten für den Nachmittag ansagte, auf Finnisch und Deutsch – ohne dass die überwiegende Zahl der Anwesenden ihm zuhörte oder Bereitschaft signalisierte, sich nach seinen Anweisungen zu richten, was den ›Boss‹ nicht wenig ärgerte. Schließlich setzte er sich einigermaßen mürrisch nieder, häufte einen Berg von jungen Kartoffeln auf seinen Teller, dazu Salzbutter, stellte ein Glas mit Sauermilch daneben und vertiefte sich in den Genuss dieser Leckereien.

Thomas verspürte recht wenig Appetit. Seine Gedanken drehten sich um Gebiß und Gießkanne und Taschenlampe, und wie sein geheimes Vorhaben wohl zu bewerkstelligen sein könne. Zwar hatte er konkrete Vorstellungen, was den Zweck des Bauprojektes anbetraf: nämlich Silke mal ordentlich zu erschrecken. Denn er und Silke waren zwar ein Herz und eine Seele, wenn es um ›äußere Anfeindungen‹, zum Beispiel durch Kinder oder Jugendliche aus der Nachbarschaft oder in der Schule ging, aber im Familiengeflecht zwischen ihnen und Claudia sowie Jens gab es in vielen Fällen noch immer konkurrierende Eifersüchteleien. Nun, wer von uns kennt solche Dinge nicht ...? Daher also seine Vorfreude und seine Ungeduld, endlich mit der Umsetzung seines Plans beginnen zu können, statt hier beim blöden Mittagessen sitzen zu müssen. Außerdem musste er sich noch von irgendwoher die erforderlichen Werkzeuge organisieren.

So stand er schon nach wenigen Minuten vom Esstisch auf und verschwand eiligst Richtung Schulmeister-Häuschen. Unterwegs schnappte er sich noch die alte Gießkanne und holte seine Taschenlampe aus seinem Anorak, der im Auto lag. Im Direktorenhaus hatte Matti, wie er wusste, eine Menge unterschiedlicher Werkzeuge liegen. Hier würde er die benötigten Utensilien finden.

Er war voller Elan und musste schon jetzt bei dem Gedanken grinsen, wie Silkchen reagieren würde.

10 Werkeln und Bauen allüberall. Wer aber führt die Oberaufsicht?

Während Tommi im ehemaligen Schulmeisterhäuschen werkelte, räumten die weiblichen und männlichen Mitglieder der ›Baugenossenschaft‹ den Esstisch bis auf den letzten Krümel ab. Anschließend ging ich mit Jens, Olli, Jorma, Mervi und Annikki zum Strand: Olli und Jorma wollten nun den Flaschenzug aufbauen, wobei Jens und ich assistieren sollten.

Annikki und Mervi schnappten sich derweil sofort wieder ihre Wurzelbürsten und begannen eifrig, die Saunaterrasse einschließlich der Brüstung, die Holzstufen hinunter zum Strand und die Außen-Fensterbretter der Sauna sowie des Vorraums zu schrubben. Als sie sich dann sogar über die neuen Stegplanken hermachen wollten, wurden sie allerdings umgehend von den finnischen Mannsbildern gestoppt. Daraufhin machten sie sich mit zusammengekniffenen Lippen Richtung *liiteri* (Schuppen) auf, in dem das Brennholz für die Sauna gelagert war. Was sie dort taten, ob sie die Holzscheite mit ihren Bürsten malträtierten oder sie nur neu und ordentlich schichteten, ist mir unbekannt geblieben, zumal ich mich nicht traute, danach zu fragen.

Wir zwei Deutschen sowie die beiden Finnen beschäftigten uns also intensiv mit dem Zusammenbau des Flaschenzugs. Irgendwann bei dieser recht schweißtreibenden Tätigkeit (denn die Holzteile waren schwer) gingen mir drei Fragen durch den Kopf: 1. Was machten eigentlich Matti, Berthold und Alfons? 2. Welche Erfolge waren dem Mäusejäger, dem verschmitzten Reijo, beschieden? 3. Wo steckten Detlev, Risto und Pentti?

In Bezug auf meinen guten Freund Matti erhielt ich umgehend Antwort. Ist es nicht verwunderlich, wie oft wir erleben, dass uns ein Gedanke in den Kopf kommt – und, als wäre es so geplant, genau in diesem Moment das eintritt, an das wir denken? Nun, dieses Phänomen muss hier nicht vertieft werden.

Kaum hatte ich mir die erwähnten Fragen gestellt, erschien der finnische Obermeister. Er blieb eine Minute stehen, um uns bei der Arbeit zuzuschauen, verschwand dann hinter der Sauna, kehrte ungesäumt zurück, einen bequemen Strandsessel unterm Arm, positionierte denselben auf der Saunaveranda und nahm ächzend Platz. Es war völlig klar: Er hatte vor, uns von dort aus zu beaufsichtigen.

Ich bemerkte, dass Olli die Schraube und Mutter, die er soeben befestigen wollte, bedächtig in seine Hosentasche steckte. Jorma, der mit mir gemeinsam beschäftigt war, einen der Querbalken zu fixieren, war weniger behutsam: Er ließ den Hammer, den er soeben in der Hand hielt, abrupt fallen. Glücklicherweise gelang es mir in letzter Sekunde, meinen Fuß zur Seite zu ziehen, sonst hätte womöglich entweder der Hammer oder mein Fuß Schaden erlitten. Jens Machtniks stand nun hilflos und mutterseelenallein am Ufer, das Baugerüst umklammernd. Beide, Jens und folglich auch das Holzgestell, denn das hatte Gewicht, schwankten erheblich. Olli und ich griffen zu, und gemeinsam legten wir das Gestell zu Boden.

Unsere finnischen Vorabeiter sprachen kein Wort. Sie schlenderten, jawohl, schlenderten, gemächlich hinter die Sauna, kehrten umgehend zurück, vier Liegestühle unter ihren Armen, bauten diese am Strand auf und nahmen Platz, wobei sie uns mit Gesten und einem begleitenden *»No niin!«* ebenfalls zum Sitzen aufforderten.

Die nonverbale Konversation zwischen den drei finnischen Urgesteinen hatte den Erfolg, dass Matti kurz überlegte, dann irgendetwas Finnisches vor sich hin brummte, sich schließlich erhob und Richtung Haupthaus verschwand. Zwei Minuten später waren die Liegestühle zusammengeklappt und wieder hinter der Sauna verstaut. Der übers ganze Gesicht strahlenden Olli und der ebenso grinsende Jorma hatten Schraube sowie Mutter beziehungsweise Hammer in ihren Händen und forderten uns wortlos auf, beim Zusammenfügen der Holzteile des Flaschenzugs zu helfen.

Matti ließ sich fortan bei dieser Arbeit nicht mehr blicken. Mervi und Annikki, die zurückgekehrt waren und dem Geschehen mehr amüsiert und interessiert als beunruhigt zugeschaut hatten, verschwanden nunmehr, um im eigentlichen Schulgebäude irgendwelche Treppenstufen und Böden zu schrubben.

Unser Flaschenzug nahm recht zügig Gestalt an. Die einzige Schwierigkeit und somit auch das Hauptproblem war: Jens Machtniks, der Großkopferte. Er hatte die Aufgabe übernommen, das Zugseil über die Umlenkrollen zu führen und auf der Hauptrolle einzufädeln. Zugegeben, das ist nicht ganz einfach, wegen der korrekten Führungsrichtung, zumal, wenn man es noch niemals gemacht hat, aber behauptet, es zu können. Und keinen Rat der erfahreneren Fachleute Jorma und Olli, annehmen will. Und dieses Seil immerhin mehr als zehn Meter lang ist. Und man, wie zu sehen, Jens Machtniks und somit ein absoluter Sturkopf ist.

Jedenfalls: Es dauerte nicht allzulange, da mussten wir Jens mit vereinten Kräften aus den völlig verwurschtelten Seilschlingen befreien; er hatte sich selbst so gefesselt, dass er auf dem Boden lag, umwickelt wie eine Garnrolle. Es nahm eine gewisse Zeit in Anspruch, bis wir ihn wieder frei hatten, denn sowohl die Finnen als auch ich benötigten etwa fünf Minuten für unsere Lachanfälle und weitere zehn, um uns von diesen Lachkrämpfen zu erholen, bevor wir die Befreiungsaktion beginnen konnten.

Dank des Könnens und der Muskelkraft unserer beiden finnischen Spezialisten stand der Flaschenzug trotz Jens und meiner Mitarbeit nach einiger Zeit fest und stabil. Der Steg sollte am Folgetag angehoben und auf die Auftriebskörper gelegt werden.

Tommi war immer noch mit Klappergebiss und Gießkanne beschäftigt, sein Werk nahm jedoch allmählich Form an. Doch davon später. Jetzt möchte ich auf die weiter vorn erwähnten drei Fragen eingehen, die mich beschäftigten, denn sie blieben bisher unbeantwortet.

Frage Nr. 1 war: Was taten Matti, Berthold und Alfons? Sie sollten ja die Strandsauna sowie Bad und WC im Haupthaus auf Vordermann bringen. Mich hatte es schon bei der Aufgabenverteilung gewundert, dass Matti sich freiwillig für Arbeiten in Bad und Toilette eingeteilt hatte. Ausgerechnet Matti! Dass er sich um die Sauna kümmern wollte, konnte ich noch verstehen – zumal die, soweit ich gesehen hatte, völlig in Ordnung und schon renoviert war ... Aber Bad und WC?

Als ich nun die ehemaligen Schultoiletten aufsuchte, um mich über die dortigen Umbaumaßnahmen zu informieren, traf ich Berthold und Alfons an. Matti war nicht zu entdecken. Der finnische Filou habe ihnen den Auftrag gegeben, die restlichen Trennwände zwischen den früheren Kabinen zu entfernen. Denn der gesamte Raum bis auf den Fußboden war von einem seiner finnischen Kumpel, einem laut Matti gewieften Installateur (»sehr gutes Badbauerlein«), schon mit neuen, abwaschbaren und feuchtigkeitsbeständigen Wandpaneelen versehen worden. Jetzt also sollten lediglich die erwähnten Raumteiler abgebaut werden. Anschließend hatte Matti vor, durch besagten Spezialisten zwei neue Schüsseln, neue Waschbecken sowie Anschlüsse für eine Waschmaschine setzen und den Boden neu belegen zu lassen. Sogar eine ebenerdige Dusche war geplant. Groß genug war der Raum, immerhin handelte es sich um das ehemalige ›stille Örtchen‹ für die gesamte Schule.

Auf meine Frage, ob sie wüssten, wo sich Matti aufhielte, meinten die beiden: »Der war nur kurz hier. Er muss Holz hacken gehen, für die Sauna, hat er gemeint. Ist dann verschwunden.«

Aha, daher also der Versuch meines guten Freundes, vom Ruhesessel auf der Saunaveranda aus die Arbeiten am Steg zu beaufsichtigen …

Wo Matti damals wirklich steckte, konnte ich bis zum heutigen Tag nicht erfahren. In Erinnerung ist mir geblieben, dass er am Nachmittag pünktlich zur Kaffeezeit im ›Refektorium‹ erschien, völlig erschöpft und ausgehungert – wenigstens ließ die Menge der *pulla*-Teilchen, die er sich auf seinen Teller lud, definitiv nur diesen Schluss zu. Auf sämtliche Fragen, wo er gewesen sei, schwieg er ausdauernd.

Das zweite Thema, das mir im Kopf war, betraf Reijo, den pfiffigen Mäusejäger. Seit er am Vormittag auf den Dachboden verschwunden war, seinen geheimnisvollen Instrumentenkasten in der Hand, hatte er sich – ausgenommen zum Mittagsessen – nicht mehr blicken lassen. Zwar berichtete Berthold mir, es habe dort oben auf dem Speicher immer mal getrippelt und getrappelt, man habe es auch im Bad gelegentlich gehört, aber irgendwelche beeindruckenden Ereignisse gebe es nicht zu berichten. Insbesondere hätten Alfons und er keinerlei Blockflötentöne vernommen.

Als Berthold dies äußerte, musste ich erstmal überlegen, wieso er diese Bemerkung machte. Bis mir einfiel, dass wir in Reijos Zauberkoffer am Morgen dieses Blasinstrument gesehen hatten. Ich war in diesem Moment wahrhaftig verunsichert, ob Berthold mich mit dieser Bemerkung auf den Arm nehmen wollte. Berthold Ockelmenger ist nämlich auch so ein Schlawiner, der andere gerne mal verhohnepipelt.

Mich interessierte selbstverständlich brennend, ob Reijo wirklich Erfolg hatte. Er hatte ja ganz klar signalisiert, es werde im Haus schon heute keine Maus mehr zu sichten sein. Ich hatte befürchtet, er werde so gefährliche Dinge wie Rattengift einsetzen, aber Päivi, die ich darauf ansprach, beruhigte mich: »Reijo ist weit bekannt. Arbeitet absolut zuverlässig! Hat im Leben immer nur Mäuse und andere *›niin sanottuja tuholaisia‹* (›sogenannte Schädlinge‹) bekämpft. Ganz ohne Gift! Hat seine eigenen Methoden. Irgendwelche Mittel, die nimmt er selbst aus der Natur und mixt. Er hat mir mal erzählt, er hasst Gift. Es ist überhaupt nicht notwendig, sagt er. Einmal erzählte er mir ein bisschen von seinen Methoden. Sind wohl gemixt aus Katzenhaaren und irgendeinem ungiftigen Pulver. Aber Genaues sagt er keinem. Er hat schon vorige Woche große Holzkisten hierher gebracht. Hat er selbst gebaut und hat sie oben auf Speicher aufgestellt. Vielleicht er ist auch eine Art Zauberer? Jedenfalls: Lass ihn ganz in Ruhe machen; er mag nicht, wenn man hinter sein Geheimnis kommen will.«

Päivis Rede war so ernsthaft, dass es völlig selbstverständlich war, Reijo nicht mit Fragen zu seiner Arbeit zu behelligen.

Der Mäusejäger-Magier verbrachte die Nacht auf seinen klaren Wunsch hin auf dem Speicher auf einer Matratze. Als ich ihn fragte, ob das nicht zu unbequem für ihn sei, schaute er mich halb verwundert, halb belustigt an und meinte: »Ist sehr gutes Matratze zum Schlaf. Musst du nicht haben Sorge.«

Ich kann vermelden: Die vier Deutschen, die unter großen Bedenken am Abend in ihren Schlafzimmern verschwanden, berichteten am Morgen, nicht das geringste Krabbeln, Piepsen und Kratzen in den Wänden oder auf dem Dachboden gehört zu haben. Reijo lächelte lediglich verschmitzt, als er das hörte. Bei seiner Abreise schnallte er neben seinem Instrumentenkoffer auch vier große Holzkisten auf seinem Mopedanhänger fest, deren Inhalt uns verborgen blieb. Dann knatterte er kreuzfidel davon.

Und: Als wir wenige Tage darauf zu mehreren auf den Dachboden stiegen, um uns dort umzusehen, insbesondere, um die Dichtigkeit und Stabilität des Daches zu prüfen (denn im Winter können erhebliche Schneelasten darauf liegen), fanden wir keinerlei Hinweise auf Mäuse. Nichts! Nicht das kleinste ›Knittelchen‹! Matti fand das völlig normal. »Sind sich Mäusileinchen weggezogen. Hat sich Reijo sie mitgenommen, wohin ich weiß nicht.« Damit war die Angelegenheit für ihn erledigt.

Bleibt die dritte der Fragen zu klären: Wie weit waren Detlev, Risto und Pentti mit ihrer Aufgabe gekommen? Ihnen war der Flur zugeteilt worden. Jener unaufgeräumte und optisch marode Gebäudeteil von ›Mattis Schule‹, in den uns mein finnischer Freund mit geschicktem psychologischem Kalkül als Allerersten geführt hatte, bevor wir das schöne Esszimmer zu Gesicht bekamen.

Es war recht spät nach dem ›Nachmittags-Päuschenchen‹, wie Matti sich ausdrückte, als ich die drei Mithelfer im Flur aufsuchte. Neugierig war ich natürlich, zumal die drei unzweifelhaft die aufwendigste und gleichzeitig wohl auch schmutzigste Arbeit zu erledigen hatten. Und wie zu erwarten, dauerte es keine zwei Minuten, bis ich von Detti dazu verdonnert worden war, mitzuhelfen. Da wurde mir mit einem Mal klar, aus welchem Grund ich der Einzige von allen war, der sich hier im Flur blicken ließ. Hatte es doch selbst der Bauherr namens Matti ausdrücklich abgelehnt, mich auf der Besichtigungstour zu begleiten. »Musst du machen allein, kleines Hühnchen. Muss ich sehen, was Frauen machen in Schuldirektorhäuschen. Ist sich sehr wichtig«, hatte er gemeint, sich auf dem Absatz umgedreht und war eilenden Schrittes entfleucht.

Die obengenannten Renovierungsbeauftragten hatten schon imponierende Fortschritte gemacht. Zwar vermittelte der Flur immer noch einen Eindruck, der jeden unvorbereiteten Gast zum fluchtartigen Verlassen veranlasst hätte. Es war jedoch deutlich zu sehen, dass die ganze Räumlichkeit irgendwann einmal nicht mehr den Charme einer heruntergekommenen schlauchartigen Gefängniszelle haben würde können.

Haben würde können? Jawohl, haben würde können. Denn von den sicher zehn oder mehr Metern, die dieser Schlauch lang war, hatten die drei Handwerker bisher etwa vier Meter bearbeitet: Hier waren Tapetenreste entfernt, war der Fußboden-Unterbau aus Balken und Latten freigelegt worden.

Wie erwähnt, lud mich Detlev umgehend zur Mitarbeit ein. Nun, hilfsbereit wie ich bin, griff ich herzlich gern beim Abreißen von Wandverkleidungen, Lösen von abgetretenen Dielenbrettern und Entfernen von Nägeln aus den Wänden mit zu. Glücklicherweise besitze ich bei Bedarf zwei linke Hände, wie es so schön heißt. So kam es, dass ich schon recht bald von Detti und insbesondere von Risto, dem Teamleiter, freigestellt wurde. Aus mir unerklärlichen Gründen entließ mich Risto mit speziellen finnischen Kommentaren, die ich nicht vollständig verstand und, hätte ich sie richtig verstanden, mit ziemlicher Sicherheit hier erst recht nicht wiedergeben würde.

Inzwischen neigte sich der Tag allmählich dem Abend zu,

und ich entnahm den Unterhaltungen der deutschen Hilfskräfte die Erwartung, dass in Kürze der Feierabend beginne und man sich dann ausruhen könne.

Doch ›Pustekuchen‹: In Finnland gibt es eine wunderbare Einrichtung der Natur. Es wird im Sommer nicht unbedingt so richtig dunkel. Nun ja, je nach Lage der Örtlichkeit, in der man sich aufhält, beziehungsweise, wie im vorliegenden Fall, tatkräftig arbeitet, mag die Sonne gegen Mitternacht für ein oder zwei Stündlein schlafen gehen; da dämmert die Nacht dann halbherzig vor sich hin.

Hier, wo Mattis Anwesen liegt, war es zu den Zeiten unserer Bautätigkeit so, dass es bis etwa 22 Uhr taghell blieb. Wunderbare Beleuchtung daher, um nach dem Abendessen mit Hammer, Zange, Schraubenzieher, Brecheisen und ähnlichen Gerätschaften als Sanierungs- und Abbruchfachkraft weiterzumachen. Die mit dieser Tatsache nicht unbedingt vollständig zufriedenen Deutschen wurden von meiner Ehefrau und Viivi sowie Päivi gemeinsam mit den Worten getröstet: »Aber freut euch doch! Deswegen schmecken die finnischen Erdbeeren auch so gut, weil sie so viel Sonne bekommen!«

Leider hatte diese gutgemeinte Tröstung nur mäßigen Erfolg, vermutlich, weil es einen gewissen Unterschied macht, ob man gerade einen Hammer in der Hand hält und der Schweiß von der Stirn läuft – oder ob man sich soeben eine süße, leckere finnische Erdbeere in den Mund stopft.

Erstaunlich und faszinierend war, was beim Auf- und Ausräumen der ehemaligen Schulmeisterbehausung zum Vorschein kam. Das Damentrio, das Matti mit dieser Aufgabe betraut hatte, ging in dieser bedeutsamen Arbeit völlig auf. Mit Akribie wurden trotz schon abendlicher Stunde sämtliche Schränke und Schränkchen, Kistchen, Kästen und Kästchen sowie alle

Winkel des einstigen Direktorenhauses durchsucht. Jede wollte die beiden anderen bei den Entdeckungen übertreffen, und so ertönten immer wieder mal kleine, spitze Schreie, wenn etwas besonders Ausgefallenes (oder was dafür gehalten wurde) ausgegraben worden war. War die ›Sultan‹-Packung anfangs das absolute Highlight gewesen, so fanden sich durchaus noch weitere Gegenstände von außergewöhnlicher Bedeutung. So gerieten alle drei Vertreterinnen des schönen Geschlechts völlig aus dem Häuschen, als Claudia mehrere handgestrickte (wahrhaftig!) Männerunterhosen hoch hielt. Und Päivi präsentierte wenig später stolz eine Original Beatles-Schallplatte, noch im der Papphülle.

Kurz darauf brachte meine geliebte Ehefrau eine angestaubte, knallschwarze, zottelige Männerperücke zum Vorschein. Unter frecher Zustimmung der beiden anderen weiblichen Ungeheuer beschloss sie umgehend, das Gebilde ihrem treusorgenden Ehemann zu verehren. Also: mir! Ich war bei dieser Entscheidung zwar nicht anwesend, aber ich bin überzeugt, sie geschah mit der Bemerkung: »Der Ebo kann das Ding gut gebrauchen!« Der Gipfel dieser Geschichte war, dass meine bessere Hälfte diese Idee tatsächlich in die Tat umsetzte! Und: Sie war höchst beleidigt, als ich die Annahme rundweg verweigerte. Ich sei undankbar, meinte sie, sie hätte das doch fürsorglich gemeint ... Warum sie diese ›fürsorgliche Gabe‹ für meinen lichten Scheitel allerdings mit einem schamlosen Grienen verband – Nun ja.

Die Fundsachen-Liste umfasste unzählige andere Gegenstände, von denen ich hier noch einige, bei weitem nicht alle, aufzähle, um einen Eindruck davon zu vermitteln. Da gab es hinter einem Kleiderschrank mehrere große Schautafeln für den Schulunterricht, zu Themen wie Ladengeschäften, Bauernhöfen, Bäumen, Familie und anderen. Unerfindlich blieb, aus welchem Grund diese Tableaus in der Schlafstube hinter dem Schrank gelagert waren und nicht im eigentlichen Schulhaus.

In einem Schreibpult fanden sich neben zahlreichen Pappschachteln mit Kreide vergilbte Schwarz-Weiß-Fotografien der Schulumgebung und Klassenaufnahmen von mehreren Schuljahrgängen. Päivi verpackte sie sorgfältig, »für ein späteres Ausstellung hier in der Schule«, meinte sie. Mehrere Nickel- und Hornbrillen, leere Zeugnisformulare, sogar alte finnische Münzen zu 10 und 25 *penniä*, teilweise noch aus der Zeit, als Finnland Großfürstentum von Russland war sowie einen ganzen Stapel Ein-*markka*-Stücke stöberte Claudia auf. Ein Sideboard aus Birkenholz in der kleinen Wohnstube enthielt Geschirr, Kerzenständer, Blumenvasen, kleine und große Schüsseln, Trinkgläser und ›Nippes‹. In einer Schublade fanden sich handgewebte Tischdecken und Servietten und ein vollständiges Essbesteck.

Die Funde der Schatzsuche nahmen kein Ende. Allein die Anzahl der Bücher, neben Schulbüchern auch Romane, Lexika, pädagogische Fachliteratur aus dem vergangenen Jahrhundert, war ungeheuer. Es gab ein uraltes Röhrenradio mit kreisrunder Senderwählscheibe *›ASA Radio‹* in einem Holzgehäuse, einen Schaukelstuhl und weiteres Mobiliar.

Irgendwann im Laufe des Abends, inzwischen konnte man die beginnende Dämmerung zumindest erahnen, stellte Päivi eine Nachttischlampe, die sie betrachtet hatte, wieder hin. »Tut mir leid, ihr Leute, ich brauche Pause, kann nicht mehr. Kommt, wir trinken noch einen Tee. Morgen ist auch noch ein Tag.« Ihre Kolleginnen vom ›Stöber- und Sortierdienst‹ stimmten sofort zu.

Im Speisesaal trafen die drei auf Viivi, Vreni, Annikki, Mervi und Riitta. Detlev, Risto und Pentti hatten schon kurz zuvor

Schluss gemacht, weil es im Flur trotz der dortigen großen Fenster zu dunkel wurde. Auch die übrigen Helfer waren seit einiger Zeit im Haus. Lediglich Olli, Jorma und ich saßen noch auf der Saunaveranda und -treppe und waren damit beschäftigt, die Schwimmkörper für den Stegunterbau mittels entsprechender Kunststoffhalterungen miteinander zu verbinden. Das geschah weitgehend schweigsam, wie es in Finnland im Allgemeinen üblich ist. Nur gelegentlich waren von den beiden finnischen Urgesteinen kurze Kommentare zu hören, etwa: *»Voi perkele!«* (»zum Teufel!«), als Olli vergeblich mit zwei Auftriebskörpern einen dritten verbinden wollte und der ihm ständig wegrutschte. Jormas Antwort überraschte mich einigermaßen. Denn statt des von mir – wie meist – erwarteten *»No niin!«* hörte ich: *»Tosi on!«*, was nichts anderes heißt als »Das stimmt!« Dann herrschte wieder Schweigen.

Wenige Minuten später entschied ich, mein Tagwerk für heute zu beenden. Diese Auftriebskörper-Bastelei hatte schließlich auch Zeit bis morgen. Ich legte das Schwimmelement, mit dem ich soeben zu Gange gewesen war, zur Seite und erhob mich. Die beiden Finnen schauten sich daraufhin prüfend an, dann hörte ich von ihnen wie aus einem Mund: »Gut!« und kurz darauf strebten wir gemeinsam dem Haus zu.

Und was war nun mit Thomas und Silke und dem ollen Gebiss und der Gießkanne? Tommi war die gesamte Zeit über eifrig mit der Realisierung seiner Idee beschäftigt. Wenn es darum geht, seine kleine Schwester in brüderlicher Liebe zu erschrecken, kann der Bursche eben auch bei komplizierteren Tätigkeiten ein ziemliches Durchhaltevermögen entwickeln. Und kompliziert war sein Plan, jedenfalls schwieriger, als er es sich gedacht hatte. Denn die Gießkanne leistete erheblichen Widerstand bei der ›Behandlung‹: Immer wieder rutschte der Bohrer, den er sich beim Werkzeug-Sammelsurium von Matti ausgeliehen hatte (sicherheitshalber, ohne vorher um Erlaubnis zu fragen), von der gewölbten Oberfläche des Gefäßes ab – einige Male knapp an seinem Oberschenkel vorbei, denn er hatte das alte Monstrum zwischen seinen Beinen eingeklemmt, um es besser bearbeiten zu können.

Sein Ziel war, zwei Löcher in die Wand der Kanne zu bohren. Diese runden Öffnungen sollten Silkchen im Dunkeln als Augen eines Ungeheuers erschrecken. Erst nach zahlreichen Versuchen gelangen ihm die beiden Bohrlöcher.

Noch schwieriger als dies gestaltete es sich, den Mund des Monsters in die harte Kunststoffwand zu schneiden. Tommi hatte sich dazu ein Teppichmesser besorgt, ebenfalls aus Mattis Werkzeugsammlung. Mit Hilfe dieses Instruments versuchte er, eine Öffnung in das Gefäß zu schneiden. Vorher hatte er mit einem Filzstift die Umrisse des ›Mundes‹ aufgezeichnet. Geraume Zeit blieben seine Anstrengungen vergeblich, allenfalls dünne, oberflächliche Schnitte gelangen ihm.

Dass er, wie beim Bohren, oftmals abrutschte, ist wohl nicht verwunderlich. Zum Glück trug er Jeans aus dickem Baumwollstoff. Das verhinderte, dass die scharfe Klinge ihn ins Bein schnitt; allerdings zeigte seine Hose bald mehrere schicke Löcher. Er nahm's gelassen, was passiert war, war eben passiert und konnte vernachlässigt werden, solange er selbst keine Blessuren davontrug. Zudem gab es schließlich in diversen Ladengeschäften zu Hause sogar Jeans zu kaufen, die schon von Vornherein mit zahlreichen Löchern versehen waren. Und die Dinger waren sogar richtig teuer!

Demnach, so argumentierte er vor sich selbst, war er hier sogar letztlich schöpferisch tätig, und zwar nicht nur in Bezug auf das Gießkannen-Ungeheuer, sondern darüber hinaus auch als Modedesigner. Thomas ist halt der Sohn von Jens Machtniks …

Lange Rede, kurzer Sinn: Nach längerer Plackerei hatte er doch geschafft, den Widerstand des Gießbehälters zu bezwingen. Unterhalb der kreisrunden Augen war eine breite Öffnung, und – tatsächlich – die alte Zahnprothese ließ sich dort hineinklemmen und mit etwas Silikon aus Mattis Werkzeugfundus fixieren.

Nun fehlte lediglich die Feinarbeit: Die Einfüllöffnung der Kanne verschloss Tommi mit einem Stück alter Tapete aus dem Flur, das er ebenfalls mit Silikon festklebte. Jetzt war nur noch die Ausgießtülle offen, die er mit seinem Tapetenmesser erweiterte, bis er die Taschenlampe so hineinstecken konnte, dass sie festsaß, nach innen leuchtete und von außen angeschaltet werden konnte.

Erschöpft, aber mit sich selbst zufrieden, betrachtete er seine Erfindung. Das Ganze wirkte sogar ohne Beleuchtung schon richtig schauerlich, fand er.

Sein Einfallsreichtum und seine Geschicklichkeit waren irgendwie doch bemerkenswert. Na gut, ausdrücklich nicht zu loben, aber doch bemerkenswert.

Abzuwarten war, wie Silke auf die Geschichte reagieren würde. Denn sie ist, obgleich jünger, durchaus nicht wehrlos!

In der Zwischenzeit war es schon recht dunkel geworden. Im Schulhaus hatte sich die gesamte Crew einschließlich der jugendlichen Mitglieder versammelt. Hauptsächlich sprachen wir über die am nächsten Tag anstehenden Arbeiten. Mir fiel auf: Thomas war auffallend um seine kleine Schwester bemüht, befragte sie beispielsweise nach dem, was sie tagsüber getan und erlebt habe. Das war normalerweise nicht seine Art … Mehrfach beobachtete ich, wie Silkchen erstaunt ihre Stirn runzelte und

Tommi überraschte Blicke zuwarf. Offenbar verblüffte auch sie die huldvolle, intensive Anteilnahme ihres großen Bruders. Dieser Schlawiner!

Aber Silke ist auf keinen Fall auf den Kopf gefallen. Ihren zweifelnden Blicken entnahm ich, dass die liebevolle geschwisterliche Zuwendung ihr Misstrauen zu wecken schien.

Dennoch unterhielten die zwei sich angeregt. Ich saß neben ihnen am Tisch, gab mir den Anschein, dass die Müdigkeit mich zunehmend übermannte, stützte meinen Kopf in die Hände und schloss die Augen. Gleichzeitig konzentrierte ich mich auf den Fortgang der Angelegenheit. Ja, ich bin eben an allem interessiert. Außerdem habe ich schon eine Reihe spannender Agentenfilme gesehen und dabei von der Pike auf gelernt, wie man sich beim Spionieren verhalten muss! Und mir war klar: Tommi wollte sich jetzt den Lohn für sein angestrengtes Gießkannen-Werkeln abholen.

Nach einigen Minuten hörte ich den Burschen: »Komm', Silke, gehen wir nochmal raus, an den Strand. Hier isses ja todlangweilig, nur dieses Geschwätz über den Kram für morgen. Draußen am Ufer plätschern so schön die Wellen!« – »Plätschern so schön die Wellen!« Der Lümmel schmierte doch tatsächlich seiner Schwester ein derartiges Gesülze aufs Brot!

Und wahrhaftig, Silke ging darauf ein! Beide erhoben sich und verließen den Raum Richtung Sauna. Was blieb mir übrig? Auch ich stand auf und folgte ihnen. Selbstverständlich war mein einziges Begehr, Silke nötigenfalls zu trösten und zu schützen. Denn ich fürchtete, sie könne, sobald sie das unheimliche Gebilde zu Gesicht bekam, das ihr lieber Bruder fabriziert hatte, ziellos in die umgebenden Wälder flüchten, heulend vor Panik, sich dort verirren und niemals wieder nach Hause finden.

Die Geschwister Machtniks schlenderten also locker übers dunkeldämmrige Gelände. Hinter ihnen, leise, um nicht zu stören, ich, furchtlos wie stets. Wir näherten uns der Sauna, die Wellen plätscherten tatsächlich ans Ufer. Plötzlich hörte ich Silkes Stimme: »Guck mal, was ist denn das?« – Thomas: »Was? Wo? Ich seh' nichts.« – »Na da, da leuchtet doch irgendwas Grünes. Siehste das nicht?« – »Was soll da schon sein? Komm weiter!« – »Nee, da leuchtet was! Guck doch hin! Sieht aus, als wär's auf der Veranda. Vielleicht hat einer da das Licht brennen lassen.« – »Ach was!« Der Stimme von Thomas war anzuhören, dass er enttäuscht war. Wie konnte seine Schwester nur so profane Überlegungen anstellen! Am Ende würde sie gar nicht mitkommen bis zu seinem Schreckgespenst! »Jetzt komm'!« Er ergriff Silke am Arm und zog sie weiter. Sein Schwesterlein stemmte sich dagegen. »Nee, ich geh' da nicht hin. Das sieht irgendwie komisch aus.« – »Du bist vielleicht ein Feigling, Mensch!« Thomas versuchte es jetzt auf diese Tour.

Als ›feige‹ wollte Silke sich von ihrem Bruder nicht bezeichnen lassen. »Selber Feigling«, meinte sie und riss sich los. Tapfer ging sie auf die Sauna zu. Thomas folgte ihr. Ich folgte Thomas.

Doch was war das? Das grüne Gebilde nahm zwar zunehmend Gestalt an, doch es wirkte weniger fürchterlich, als ... Nun ja, die Augenlöcher glühten zwar leicht bedrohlich, aber irgendwie doch eher melancholisch. Der Mund bleckte seine falschen Zähne zwar hungrig, aber dennoch durchaus freundlich, fand ich. Und die gesamte Plastikkanne leuchtete durchscheinend in sanftem, friedvollem Grün. Das Ganze gab überhaupt keinen Anlass zu panischer Flucht, sondern erinnerte eher an eine Karnevals-Dekoration.

Aber trotzdem: Silke zögerte. Blieb stehen. Drehte sich um. Hatte schreckgeweitete Augen. Begann zu laufen, rannte gegen

Thomas, warf ihn zu Boden. Stieß mit einem Aufschrei gegen mich, hastete zum Schulgebäude, »Mama, Mama!«, schreiend. Thomas rappelte sich hoch. Hatte ebenfalls Angst im Gesicht. Drehte sich ebenfalls Richtung Schule, stolperte gegen mich, erkannte mich wegen seiner Panik nicht, sondern stieß mich verschreckt mit »Hau ab!« zu Boden und war verschwunden.

Und ich, der stets Tapfere? Der Lebenserfahrene? Der ich immer und überall und ausnahmslos in allen Situationen Herr der Lage zu sein pflege, zumindest nach meiner eigenen Einschätzung? Ich stand, um ehrlich zu sein, auch nicht ganz ungerührt dort im Dunkeln. Aber: Ich hielt tapfer stand und flüchtete nicht!

Was jedoch war denn nun der Grund für diese überstürzten Fluchten der Jugendlichen und für mein verstörtes, erschrecktes Zögern? Wenn es nicht der Gießkannen-Leuchtlampion mit seinen falschen Zähnen war, was dann?

Darf ich einen kleinen Tipp geben, um zur Rätsellösung beizutragen? Erinnern wir uns, dass Silke und Thomas, was nicht weiter verwunderlich sein dürfte, einen Vater haben. Und besinnen wir uns darauf, dass dieser Jens Machtniks heißt. Und rufen wir uns zuletzt ins Gedächtnis, zu welchen abstrusen Gedankengängen und seltsam verrückten Verhaltensweisen ›Herr Jens‹ fähig ist. Und siehe da: Schon haben wir des Rätsels Lösung.

Mir war schon aufgefallen, dass Jens aus der Versammlungsrunde verschwunden war, einige Minuten, bevor Silkchen und Tommi zum ›Plätschern der Wellen am Seeufer‹ aufbrachen. Und wirklich hatte sich der Chaot hinter der Sauna versteckt und bei der Annäherung seiner Nachkommen mit hohler Stimme, verstärkt mittels eines kurzen Rohres, entsetzlich laute, kreischende und heulende Geräusche erzeugt, wahrlich Furcht erregend. Der Erfolg, das fluchtartige Davonstürmen seiner völlig verängstigten Nachkömmlinge, war zu seiner Befriedigung nicht ausgeblieben.

Zur Rache schlich ich mich nun unhörbar um die Sauna herum. Schließlich musste dem Burschen mal wieder eine Lektion erteilt werden. Es gelang mir auch wirklich, den immer noch jaulenden und quäkenden Gipskopf zu überraschen. Der Erfolg ließ sich sehen und hören: Als ich ihn plötzlich und unerwartet von hinten mit dem Finger in den Rücken piekste, stieß Freund Machtniks einen unartikulierten Schrei aus, ließ seine ›Tröte‹ fallen und war schnell wie der Blitz in Richtung Schulhaus verschwunden.

Dass diese Ereignisse zentrales Thema im Kreis der Finnen und Deutschen war, lässt sich denken. Silke motzte (zu Recht) mit Thomas. Thomas war grantig, weil seine Spukbastelei bei Silke nicht den erwünschten Effekt gehabt hatte. Beide Jugendlichen waren erbost wegen der Jensschen Gruselaktion. Jens Machtniks grollte mir, weil ich ihn mittels meines Fingers »zu Tode erschreckt« hatte. Alle übrigen Anwesenden, einschließlich meiner Person, hatten daher einiges zu lachen. Kurz und gut, es war ein sehr unterhaltsames Zusammensein.

Wenig später beschlossen wir gemeinsam mit Vreni und Jupp, zu unserem *kesämökki* aufzubrechen; wir waren alle rechtschaffen müde. Was würde der nächste Tag uns bringen?

11 Ein »Bär« geht baden und ein Bär sorgt für Aufregung und wird zum Wächter.

Der folgende Morgen war wunderbar: Die Sonne schickte wärmende Strahlen, so dass wir beschlossen, mit Vreni und Jupp draußen vor unserem Sommerhaus zu frühstücken. An sich gehörten die beiden mit zum Küchenteam in Mattis *koulu* (Schule), aber Riitta, Küchenchefin per stillschweigender Übereinkunft, hatte ihnen für diesen Morgen frei gegeben. Mit Viivi und Fridolin habe sie fürs *aamiainen* (Frühstück) genügend Helfer, hatte sie gemeint.

Natürlich drehte sich die Unterhaltung am Frühstückstisch um die ›gruseligen‹ Abenteuer von Silke und Thomas. »Eigentlich«, fand Jupp, »war dieses spinnerte Benehmen von Jens irgendwie typisch. Der scheint ja gerne solche Mätzchen zu bringen.« Er musste so herzhaft lachen, dass der ganze Tisch erzitterte. Denn der Juppsche Bauch und unser Gartentisch standen beim Morgenkaffee in engem Kontakt. Jupps Schmerbauch ist nämlich so kolossal dimensioniert, dass er nötigenfalls darauf nicht nur seine Tasse abstellen kann, sondern ein gesamtes Gedeck. Bei Bedarf auch noch die Kanne und die Tortenplatte. Zumindest kann ich mir das vorstellen. »Aber dass du ihn dermaßen erschreckt hast, da an der Sauna, das gönn' ich ihm, wenn ich ehrlich bin«, ergänzte er und schüttelte sich gemeinschaftlich mit unserem Tisch erneut vor Lachen, so dass der heiße Inhalt unserer Tassen überzuschwappen drohte.

Ich befürchtete um die Stabilität des Möbels. Denn ich habe zu diesem Tisch ein inniges Verhältnis: Immerhin habe ich ihn selbst vor fast 40 Jahren aus Abfallholz gezimmert und bin nicht wenig stolz auf dieses Designerstück!

Ein weiteres Thema zwischen uns war die für den heutigen

Tag geplante Fertigstellung des neuen Stegs am Ufer von Mattis Grundstück. Ich selbst war gespannt, wie das Ganze vor sich gehen würde. Ich hatte bis dato noch niemals mit einem Flaschenzug gearbeitet. Schon der gestrige Aufbau hatte mir erhebliche Schwierigkeiten bereitet, vermutlich hätte ich diesen Apparat ohne Hilfe überhaupt nicht konstruieren können. Und ihn ohne Anleitung durch die beiden Finnen zu benutzen, traute ich mir auch nicht zu. Meine Ehegefährtin sowie Vreni und Jupp waren ebenfalls neugierig, wie die Aktion ablaufen würde. Für die beiden finnischen Urgesteine Jorma und Olli war dieses technische Wunderwerk jedoch eindeutig nichts Neues, wie ich gestern erfahren hatte.

Um nur ja nicht das Anheben und Absenken des Stegs zu verpassen, brachen wir daher schon nach recht kurzer Zeit Richtung Mattis ›Hoheitsgebiet‹ auf.

Den Ersten, den wir erblickten, als wir auf das Gelände fuhren, war Thomas. Mit genervter Miene war er auf dem Weg von der Sauna zum Schulgebäude. In seinen Händen: sein Gruselobjekt. Hinter ihm kam seine Schwester, grinsend. Aha! Daher wohl der gereizte Gesichtsausdruck des jungen Herrn. Anscheinend hatte Silke ihren Bruder begleitet, als er seine Höllen-Bastelei von der Saunaveranda holen wollte. Hatte die Gelegenheit genutzt, ihn zu piesacken, indem sie sich köstlich und ausdauernd über seinen vergeblichen Versuch lustig machte, sie mittels illuminierter Gießkanne in Panik zu versetzen.

Im Speisesaal der ehemaligen Schule war die gesamte Mannschaft versammelt. Das Küchenteam hatte soeben mit dem Abräumen des Frühstückstisches begonnen, Vreni und Jupp halfen ebenfalls tatkräftig mit. Matti hatte offenbar beschlossen, die Abläufe im Auge zu behalten. Zu diesem Zweck stellte er sich auf einen Stuhl und führte von dort aus das große Wort. Dabei bediente er sich eines Mischmaschs von Finnisch und Deutsch, mit dem Erfolg, dass keiner der Anwesenden ihn verstand.

Dies schien meinen lieben Freund zumindestens anfangs nicht besonders zu stören. Ich denke, letztlich ging es ihm darum, seiner Selbstwahrnehmung als ›das Chef von das Ganze‹ zu entsprechen. Denn ich kenne den lieben Matti lange genug, um zu wissen, dass das Image, ein Macher zu sein, für ihn von ungeheurer Bedeutung ist.

Übrigens nahmen die Anwesenden sein Kauderwelsch widerspruchslos hin: Jeder und jeder wusste sowieso, was zu tun war.

Ich blieb an der Zimmertür stehen und goutierte das Schauspiel. Boss Matti auf seinem Möbel fuchtelte mit beiden Händen und verkündete mit erhobener Stimme: »Seid ihr alles *pienet oravat* (kleine Eichhörnchen)! *Teidän on kuultava* (Ihr müsst zuhören)! Bin ich das Boss! *Odottaa työtä* (wartet Arbeit) vieles!« Er registrierte nun doch, dass niemand ihm Gehör schenkte, schürzte missmutig die Lippen und stieg mit den (nunmehr wenigstens für die anwesenden Deutschen einigermaßen verständlichen) Worten von seinem Podest: »Seid ihr alle furchtbarige kleinige Menschlein!« Dann erblickte er mich mit meinem Urlaubs-Dreitagebart und ergänzte: »Besonders du, kleines Hühnchen mit großes Bart!«

Ich klopfte ihm daraufhin gönnerhaft auf die Schulter und bemerkte: »Gut, dass wir dich haben, Matti, mein Freund!« Da ging die Sonne in seinem Gesicht auf. Und sehr rasch wieder unter, als ich fortfuhr: »Wir hätten sonst viel weniger zu lachen, mein Lieber.«

Mein finnischer Überflieger schaute mich streng an. Aber als er bemerkte, dass ich grinste, wurde sein Blick milder und milder, und schließlich begann er ebenfalls zu grienen.

»Bist du eben kleines Hühnchen mit kleines Gehirnchenchen! Sollst aber deswegen nicht sein traurigisch! Hast du ja gutes Freund Matti mit Suppengehirn, Quatsch, Supergehirn!« Dieser Versprecher, da bin ich mir ganz sicher, war wie so oft, garantiert geplant!

Olli und Jorma, die beiden Schweigsamen, begaben sich nun zur Sauna und zum Steg, ohne die Gesellschaft explizit zur bevorstehenden Aktion einzuladen. Jens und mir warf Olli lediglich einen kurzen Blick aus dem Augenwinkel zu, als Aufforderung mitzukommen. Mervi und Annikki schnappten sich ihre Schrubb-Bürsten und folgten, die restliche Gruppe schloss sich an. Am Ufer angelangt, postierten die Zuschauerinnen und Zuschauer sich im Halbkreis um den Ort des Geschehens. Matti nahm selbstverständlich den Logenplatz ein: Er residierte bequem im Liegesessel auf der Saunaveranda, legte seine Hände als Schalltrichter an die Lippen und kommandierte: *»No niin, nyt!«* (Also, los jetzt!)

Diese Anweisung hatte den Effekt, dass Olli und Jorma betont gemächlich die restlichen Schwimmkörper miteinander verbanden. Jens und mich luden sie ohne große Worte, nämlich durch einen freundlichen Strahl aus ihren Augen, ein, uns an dieser Arbeit zu beteiligen. Mervi begann derweil, unterstützt von Annikki, das Flaschenzuggestell bürstentechnisch vom Flugsand zu befreien, der sich ungehörigerweise während der Nacht auf den Holzteilen abgelagert hatte.

Es dauerte nicht lange, bis die Auftriebskörper zuverlässig fest aneinanderhingen. Jetzt begann der eigentliche, spektakuläre Teil der Operation ›Stegwasserung‹.

Zur technischen Erläuterung muss ich schildern, dass das landseitige Ende des Stegs in zwei kräftigen Scharnieren gelagert ist, die wiederum schon vor vielen Jahren in einem mächtigen

Betonblock eingelassen wurden. Durch diese sinnvolle Konstruktion ist die Anlegebrücke beweglich und kann sich unterschiedlich hohen Wasserständen anpassen. Gleichzeitig ermöglicht diese Vorrichtung auch das Anheben des Stegs mittels des Flaschenzugs.

Wir waren alle sehr gespannt, ob der clevere Plan der beiden Finnen Olli und Jorma aufgehen würde. Und tatsächlich: Nachdem sie vom Wasser aus am vorderen Ende der Gangway mittels kräftiger Haken und entsprechender Verschraubung das Zugseil befestigt hatten, gelang es ihnen mühelos, das schwere Gebilde vom Ufer aus anzuheben. Die Versammlung applaudierte aus Leibeskräften, Matti erhob sich sogar kurz von seinem Thron und stimmte den finnischen Jubelruf *»Eläköön!«* (Hurra!) an, in den sämtliche Anwesenden einstimmten, sogar die Deutschen. Anschließend platzierten wir vier Stegbauer die Schwimmkörper unter den Planken, und Jorma fixierte sie sicherheitshalber nochmals mit einem grünen Kunststoffnetz, das er an den Innenseiten der Längsbalken annagelte.

Langsam und vorsichtig wurde die Holzkonstruktion abgesenkt, bis sie auf der Wasseroberfläche auflag. Und wahrhaftig: Sie schwamm! Da erklangen Rufe aus der Zuschauerriege: »Mat-ti! Mat-ti! Auf den Steg! Auf den Steg!«

Der so eindringlich Aufgeforderte hob gespielt bescheiden seine Hände und wiegte sein Haupt: Wahrhaftig, Matti zierte sich! Wobei mir und vermutlich allen anderen klar war, dies geschah zum Schein, um das Höchstmaß an Zuwendung und Aufmerksamkeit der Versammlung zu erreichen.

Endlich, nach längerem Zaudern, erhob sich mein Freund erneut, verneigte sich huldvoll und begab sich gemessenen Schrittes Richtung Steg, begleitet vom Applaus der Zuschauer. Im Grunde genommen gebührte diese Anerkennung ja Olli und Jorma, zu einem geringeren Teil auch Jens und sogar mir, ging mir durch den Kopf. Und zu meiner Überraschung stellte sich Matti, an der ›Landungsbrücke‹ angelangt, in Positur, machte sich lang und tönte: »Liebe Freunde, *hyvät ystävät*, dieses Holzsteg sieht sehr gut aus. Haben finnische und deutsche Männer zusammen gemacht: Olli (Applaus), Jorma (Applaus), Jens (Applaus) und kleines deutsches Hühnchen Ebo (Applaus). Haben Mervi (Applaus) und Annikki (Applaus) gut mitgeholfen mit Bürstchen. Muss ich sagen Danke! – Und jetzt ich gehe auf Steg, um zu schaukeln auf *aallot* (Wellen).«

Ich staunte. Aber, es war ja nur einmal mehr der Beleg dafür, dass Matti gerne ›Kulissen schiebt‹, auch, was seine gut gespielte Ichbezogenheit anbetrifft.

Unter dem Beifall der Zuhörer marschierte das finnische Original nun nach vorne zur Spitze des Stegs. Dabei ging er breitbeinig, im Seemannsgang. Denn das Bauwerk geriet umso heftiger ins Schwanken, je weiter er sich vom Ufer weg bewegte. Der Grund: Es fehlten noch die beiden Pfosten rechts und links am Ende der Planken, die, im Seeboden eingeschlagen und seitlich mit der Konstruktion verbunden, letztlich das gesamte Werk stabilisieren sollten.

War es, dass Matti dies nicht wahrnahm oder wahrhaben wollte, war es, dass er sich keine Blöße geben wollte, ich weiß es nicht. Tatsache ist jedenfalls, dass der Gang des Burschen mehr und mehr wie der eines vom nächtlichen Landgang aufs Schiff heimkehrenden Matrosen wurde, der die Gelegenheit genutzt hat, dem Branntwein gehörig zuzusprechen. Schon wollte ich zu Hilfe eilen, und auch mehrere andere Anwesende erweckten den Eindruck, dass sie zumindest überlegten, ob sie dem erst Wackelnden, dann Schaukelnden, dann Schwankenden, dann Taumelnden, endlich kopfüber Stürzenden zu Hilfe kommen sollten. Allein, der Selbsterhaltungstrieb gewann bei uns allen die Oberhand. Zumal absehbar war, dass Rettung nicht möglich war, sondern jede helfende Hand unweigerlich mit ins Wasser gezogen werden würde. Und so tat es schließlich einen beeindruckenden Plumps, das Wasser spritzte auf, überflutete den Steg mit ungestümen Wellenbrechern, verschluckte einen schrill quietschenden Matti in voller Montur und floß unschuldig und irgendwie lässig wieder von den Planken ab.

Schon dachte ich über eine adäquate Trauerrede nach, irgendetwas Pietätvolles, mit ›nasses Grab‹ und »ewige, treue Freundschaft«, da tauchte prustend und schnaubend Mattis Kopf über dem Wasserspiegel auf. Er sah in gewisser Weise nicht direkt glücklich aus, die Haare klebten im Gesicht, und seine Stirn war umwölkt, zudem spie er einen Schwall Seewasser von sich. Er brachte es aber doch fertig, *»voi perkele!«* (zum Teufel!) zu fluchen, eine durchaus nachvollziehbare Äußerung, wie ich finde. Anschließend strebte er dem Ufer zu, was, wenn auch mühselig, so doch fußläufig möglich war, da hier die Wassertiefe nur maximal 150 Zentimeter betrug.

Zwar triefend aber glücklich angelangt und von den mitfühlenden Wartenden freudig begrüßt, vernahm ich seinen verzweifelten Aufschrei: *»Kännykkäni!«* (Mein Handy!) und konnte ihn umgehend beruhigen. Denn sein Mobiltelefon war ihm vorhin im Liegestuhl auf der Saunaveranda aus der Tasche gerutscht. Dort träumte es stillvergnügt vor sich hin, wie ich schon vor der Stegschunkelei und dem Sturz in die Wogen gesehen, aber vorsorglich einstweilen verschwiegen hatte ...

Matti schnappte sich umgehend das Gerät, schluchzend vor Erleichterung. Seiner dankbaren, liebevollen, jedoch tropfnassen Umarmung konnte ich mich gerade noch entziehen, indem ich Jens Machtniks, der direkt neben mir stand, schützend zu mir zog und mich hinter ihm verkroch, so dass er statt meiner Mattis Dankbarkeitsbeweis abbekam. Gleichwohl warf mir Jens später, nachdem er seine durchnässte Kleidung gewechselt hatte, mein fürsorgliches Verhalten in schnöder Weise vor, anstatt mir für dieses außergewöhnliche Privileg zu danken.

Die Fertigstellung des Stegs nahm dann ihren ruhigen Fortgang: Olli und Jorma trieben mit kräftigen Schlägen die erwähnten Pfähle in den Seeuntergrund. Anschließend fixierten sie den Steg mittels Metallringen an den Pfosten. Dadurch wird die vertikale Bewegung je nach Wasserstand ermöglicht, während die Stützen selbst ein Seitwärtsdriften der Anlegestelle verhindern. Die beiden ›Ingenieure‹ waren nicht wenig stolz auf ihren Bau, was sich in wechselseitigem Schulterklopfen bemerkbar machte, begleitet von mehrfach wiederholten *»No niin, no niin!«*-Ausrufen in unterschiedlichen Tonlagen.

Die restliche Gesellschaft hatte sich nach Mattis unfreiwilligem Bad ins Haupthaus verfügt, um die dort wartenden Renovierungsarbeiten fortzuführen. Mervi und Annikki waren nunmehr ebenso wie Jens und ich von den unterstützenden Hilfsarbeiten am Seeufer freigestellt. Wir beschlossen einstimmig, uns auf dem Dachboden des Schulgebäudes mit Aufräumen und Putzen zu verlustieren.

Gleichzeitig hoffte ich, dabei doch noch den geheimnisvollen Tricks des Mäusevertreibers Reijo auf die Spur zu kommen, denn dessen unbegreiflicher Erfolg hatte mich nicht nur stark beeindruckt, sondern auch verteufelt neugierig gemacht.

Nun, jegliches Suchen und Stöbern nach irgendwelchen Geheimgerätschaften, Requisiten, Duftsubstanzen, Kräuterfabrikaten, chemischen oder biologischen Streupülverchen und dergleichen blieb erfolglos. Tatsache war: Es war keine einzige Maus zu sehen oder zu hören, nicht mal ein Schwänzchen und keinerlei Mäusehinterlassenschaften fanden sich. Es blieb, zumindest mir, nichts anderes übrig, als entweder an überirdische Fähigkeiten zu glauben, über die Reijo verfügte – oder der bei seinen Utensilien seltsamerweise gefundenen Blockflöte doch zauberische Kräfte zuzuschreiben; auch wenn der Mäuseflüsterer behauptet hatte, das Blasinstrument sei nur versehentlich in seinen Wunderkasten gelangt. Ich versank daher in längeres meditatives Nachdenken, welche der beiden Möglichkeiten die akzeptablere wäre. Aufgeschreckt aus meiner kontemplativen Tätigkeit wurde ich plötzlich und unerwartet durch Jens Machtniks.

Ich hatte mich auf die oberste Stufe der Holztreppe gesetzt, die zum Speicher führt und überlegte, was ich Sinnvolles als Nächstes unternehmen könnte. Da ertönte aus dem dämmerigen Hintergrund ein Schrei, der mir fast das Blut in den Adern gefrieren ließ (um diesen abgedroschenen Ausdruck auch mal zu benutzen). Welcher Schrecken hatte bei wem diesen unartikulierten Laut ausgelöst? Der Ruf dröhnte in meinen Ohren, klang dann ab, ging in ein ebenso beunruhigendes Ächzen und schließlich in schweres Atmen über. Ich hörte auch Annikkis und Mervis erschreckte Stimmen: *»Herra Jestas!«* (Oh jemine!).

Die beiden Finninnen zogen sich sicherheitshalber Richtung Treppe zurück, ich raffte all meinen Mut zusammen und tat einige Schritte in die Richtung, aus der der Aufschrei gekommen war. Dort fand ich Jens: Er lehnte bebend an einer Holzsäule und deutete mit zittrigen Fingern auf ein riesiges Etwas im Halbdunkel.

Glücklicherweise bin ich weniger fantasiebegabt als dieser Bursche und behielt daher die Nerven. Denn nur seine bekannte Neigung zu irrealen Hirngespinsten schien mir eine Erklärung für die Panik dieses gelegentlichen Döskopps zu sein.

Aber nein, ich vermutete falsch. Die ganze Geschichte, einschließlich des Geschreis und der Panik, war gespielt und diente dazu, uns zu foppen. Im Nachhinein allerdings kann ich mit Fug und Recht behaupten, dass der Filou uns im wahrsten Sinne des Wortes ›einen Bären aufgebunden‹ hatte.

Wieso ich diesen Ausdruck benutze? Nun, wie ich zwar nicht beim ersten, jedoch beim zweiten Blick erkannte, war das gewaltige Gebilde im Speicher-Hintergrund ein enormer Braunbär: hoch aufgerichtet, die mächtigen Tatzen nach vorne gestreckt, im Schädel kleine, glänzende Knopfaugen, das Maul mit den bedrohlichen Reißzähnen geöffnet. Aber eben ›ausgestopft‹, präpariert, einbalsamiert, konserviert. Und vor allem nicht lebendig.

Daneben entdeckte ich einen Auerhahn, hinter diesem ›heulte‹ ein Wolf, rechts davon *›huhute‹* eine Eule: alle täuschend lebendig anzusehen und doch seit langem verstorben und aufwendig präpariert. Anschauungsmodelle für den Biologieunterricht also waren es.

Annikki und Mervi schienen wegen des Jensschen Klamauks ›not amused‹. Sie warfen ihm empörte, tadelnde Blicke zu und flüsterten miteinander, wobei ich meinte, *»hullu!«* (Spinner) zu verstehen. Ihr Unmut schien Jens nicht zu berühren, er kicherte eine ziemliche Zeit lang vor sich hin, meinte dann übergangslos: »Wir sollten vielleicht aufschreiben, was wir hier finden, oder was meint ihr?«

Die finnischen Genossinnen überhörten seine Äußerung. Verständlich, fand ich, als Strafe für seine boshafte Respektlosigkeit. Trotz allem aber hatte der Bursche nicht unrecht: Es war ja – in Absprache mit Päivi und Matti – geplant, alle Fundsachen, soweit sie nicht sammel- oder museumswürdig erschienen, zu versuchen, entweder auf einem *kirpputori* (Flohmarkt) anzubieten oder einer sozialen Einrichtung namens *Elävä kauppa* (›Lebensgeschäft‹ – derartige Einrichtungen gibt es in vielen finnischen Kommunen) zu schenken, damit sie dort verkauft werden könnten. Insofern war der Vorschlag von Jens Machtniks durchaus sinnvoll.

Und, typisch für Diplom-Wirrkopf Jens: Ich konnte ihn nur mühsam davon abbringen, Silkchen mittels Bären-Exponat erneut in Angst und Schrecken zu versetzen. Aus mir unbekannten Gründen scheinen die männlichen Mitglieder der Familie Machtniks eine genetische Veranlagung zu haben, bei jeder passenden und unpassenden Gelegenheit Pläne zu entwickeln, wie sie ihre Verwandten, aber auch völlig fremde Menschen schockieren könnten. Bei zahllosen Gelegenheiten habe ich das erlebt, sowohl bei Jens als auch bei Tommi. Und sogar der hochbetagte Opa Karl gehört in diese Reihe: Wenn er Silkchen davon berichtet, wie er mittels Segelboot die Ostseebucht, an der er mit seiner Ehefrau Mathilde lebte, überquerte (»Immer quer rüber übern Sund!«), baut er grundsätzlich Haifische und Piraten in seine Erzählung ein – was Silke selbst heutigentags noch glaubt und ängstigt, zwar zunehmend mit leisen Zweifeln am Wahrheitsgehalt, aber doch.

Es gelang mir also unter Androhung von Brachialgewalt (beziehungsweise alternativer Einschaltung von Claudia), Jens davon abzuhalten, sein Töchterlein bedrohlichen Bärenabenteuern auszusetzen.

Matti, über die Entdeckung der zoologischen Exponate auf seinem Speicher informiert, freute sich wie ein Schneekönig. Seine Augen nahmen einen überaus träumerischen Ausdruck an, gleichzeitig versank er in tiefes Sinnieren. Er werde sich einen neuen Titel zulegen, verkündete er: »Bin ich jetzt Boss von ›*karhun koulu*‹ (Bärenschule).« Meine unschuldige Frage, was das zu bedeuten habe, beantwortete er, indem er seine Augenbrauen bis zum Haaransatz nach oben zog.

»Muss ich wieder mal erklären?! Stelle ich Bärlein vor Eingangstür, einzuladen für Besichtigung von altes Schule, wenn ist sich alles gerenovieret. Nehme ich Eintrittsgeld und mache ich vielleicht *ravintola* (Restaurant) und werde reiches Mann.« Dabei rieb er Daumen und Zeigefinger aneinander, zeigte also die international verbreitete Geste des Geldzählens. In diesem Moment erinnerte er mich an den bekannten Enterich aus der Welt der Comics.

Ich tippte mir verbindlich an die Stirn als Ausdruck meines freundschaftlichen Mitgefühls, murmelte »viel Spaß« und ließ ihn mit seinem Fantasiereichtum stehen. Wenig später konnte ich beobachten, wie er und Jens sich damit abmühten, das Bärenungetüm aus dem Dunkel des Dachbodens über die Außentreppe ans Tageslicht zu befördern. Die beiden sowie ihr tierisches Museumsstück erschienen wie Figuren aus einer Geisterbahn, eingewoben in unendliche Mengen von Spinnweben, die Gesichter und Köpfe sowie letztlich ihre Gesamterscheinung grau in grau bedeckt vom Staub vergangener Jahrzehnte. Schweißgebadet, aber mit glücklichen Mienen positionierten sie den Petz neben der Eingangstür und verschwanden, um den Rest der Menagerie nach unten zu schleppen.

Als die übrigen Mitglieder der Renovierungstruppe das Bärenmonstrum und die zwei Exzentriker erblickten, war schleunigste Flucht die erste in Erwägung gezogene Reaktion, bis sie erkannten, wer ihnen da mit Auerhahn und Eule beziehungsweise mit einem Wolf unterm Arm und mit affektiertem Gehabe sowie unter theatralischer Gestik entgegenkam. Daraufhin blieben, je nach Gemüt, einige voller Interesse stehen, jedoch in vorsichtiger Distanz, andere rangen wegen unbeherrschbarer Heiterkeitsausbrüche um Luft.

Claudia und Päivi lagen sich in den Armen und versuchten sich gegenseitig zu trösten. Neben ihnen stehend, hörte ich, wie sie sich flüsternd berieten, ob sie sofort oder erst später aus den gemeinsamen Wohnungen mit ihren Männern ausziehen sollten. Detti kugelte sich mit Lachanfällen am Boden – wobei ihm, nebenbei bemerkt, seine körperliche Rundform sehr zustatten kam. Die finnischen Zuschauer beiderlei Geschlechts standen schweigend, schauten irritiert und überlegten angestrengt, ob sie lachen oder weinen sollten. Letztlich entschieden sie sich fürs Lachen.

Fridolin hatte spontan seine Mundorgel hervorgekramt und blies einige Takte aus Saint-Saëns ›Karneval der Tiere‹ – wenigstens behauptete er mir gegenüber später, es seien Melodien aus dieser Komposition gewesen.

Thomas und Silke zeigten saure Mienen und verschwanden umgehend zur Sauna. Es war ihnen anzusehen, dass der Auftritt ihres Herrn Papas ihnen mehr als peinlich war. Jens würde von seinen Sprösslingen garantiert später einiges an Vorwürfen zu hören bekommen, dass er sie alle bis auf die Knochen blamiert habe.

So hatten alle mehr oder weniger ihr Vergnügen. Es war so richtig die passende Einstimmung auf den geplanten Saunaabend mit Stegeinweihung …

12 Klamauk in der Küche und gesangstechnisch bewirktes polizeiliches Einsatzkommando

Das ›Bärenabenteuer‹ von Matti und Jens sorgte den gesamten Tag über für Gesprächsstoff, zumindest bei den Deutschen. Die Finnen begnügten sich mit der Bemerkung *»no niin, hullut!«* Diese zwei Worte entsprachen zu Deutsch in etwa der Aussage: ›Was soll's, es sind eben geborene Spinner, die nichts anderes im Kopf haben als Unsinn zu treiben und hart arbeitende Mitmenschen zu nerven.‹ Unabhängig von der jeweiligen Nationalität konnte ich nach diesem denkwürdigen Ereignis der Trophäen-Präsentation jedoch bei allen des Öfteren im Vorbeigehen ein dezentes Kichern vernehmen. Nicht nur bei den Angehörigen des schönen Geschlechts, sondern sogar bei den harten einheimischen Jungs wie Olli, Jorma, Lasse, Markku und so weiter.

Die Bau- und Renovierungsarbeiten machten dank des Einsatzes aller Beteiligten rasche Fortschritte. Im Laufe des Tages wurden zahreiche Umzugskartons aus dem früheren Schulleiter-Häuschen in das zweite ehemalige Klassenzimmer im Haupthaus gebracht. Die Frauen sowie Cornelius, Lasse, Lothar und Markku wurden zeitweise von Annikki und Mervi unterstützt, die am Steg nichts mehr zu tun hatten. Die beiden trugen ihre geliebten Bürsten allzeitbereit in ihren Schürzentaschen. Glücklicherweise waren sie so klug, auf deren Einsatz vorerst zu verzichten; denn es wäre unnütze Arbeit gewesen, da bei der Räumung Unmengen von Staub aufgewirbelt wurden. Man muss sich vorstellen, dass in besagtem Wohnhaus seit etwa fünf Jahren niemand mehr gewohnt, geschweige denn geputzt hatte. Sie fanden also in der ehemaligen Schulmeister-Behausung keine Objekte, die sich für den Einsatz ihrer Wurzelbürsten wirklich eigneten. So begaben sie sich nach einiger Zeit in die Küche des Haupthauses. Vielleicht, so überlegten sie, bot sich dort Gelegenheit, tätig zu werden. Es musste ja nicht unbedingt Putzen sein, bei der Essensvor- und zubereitung gab es sicherlich auch eine Arbeit für sie, der sie sich widmen könnten.

So trug jede und jeder etwas zum Tagwerk bei. Das eifrige Wirken allüberall entsprach so richtig dem alten deutschen Kinderlied von den fleißigen Handwerkern.

Es war gegen halb zwölf, die Sonne stand hoch und wärmte mit ihren Strahlen nicht nur das Gelände, sondern auch die Herzen und Gemüter. Wie die anderen Mitglieder der Baukolonne verspürte auch ich allmählich ein leeres Gefühl im Magen. Passenderweise kam mir der Gedanke in den Kopf, es könnte Essenzeit sein. Und richtig:

In der alten Schulküche rumorten lautstark und geräuschvoll die dorthin abgeordneten Gruppenmitglieder; man hörte das Klappern von Deckeln, das Klirren von Gläsern und Porzellan, eifriges Geschnatter von freundlich-energischen, hellen Frauen- und kräftig-dröhnende Kommentare dunkler Männerstimmen. Der ohrenbetäubende Klamauk war eingewoben in die sanften, naja, ehrlich gesagt, eher doch durchdringenden Klänge von Fridolins Blasorgel. Der Mundharmonikaner tirilierte die Tonleitern rauf und runter, offenbar unbeeindruckt vom Stimmengewirr. Mal blies er einen sirenenhaften Signalton, mal trillerte er einen Triller, dazwischen präsentierte er tontechnisch querbeet allerlei melodische und unmelodische Stücklein, die jedoch, wie er anschließend ausdauernd und keinen Widerspruch duldend verkündete, Eigen-Variationen des Hoch- und Deutschmeister-Marsches gewesen seien.

Die auf dem gesamten Grundstück zu vernehmende Geräuschkulisse machte mich neugierig – ganz abgesehen von der erwähnten Hungerempfindung. Infolgedessen stapfte ich munter und fröhlich lächelnd vom Hof Richtung Küche, um mich wegen des Lärmens zu vergewissern, wer da wen umbringen oder zumindest verprügeln wollte. Denn derartige Spektakel tragen – ich schreibe es mit einem Schmunzeln – häufig nicht nur zur Belebung eines tristen Alltags, sondern sehr zur Kurzweil bei. Ich weiß, das liest sich jetzt barbarisch, aber so bin ich nun mal. Und offenbar trifft diese Erfahrung nicht nur auf mich zu.

Auf dem Weg Richtung Küche durfte ich feststellen, dass ich nicht der Einzige war, den dieses Potpourri aus Stimmengewirr, Scheppern von Glas und Metall sowie kapriziös-verzerrten Harmonika-Chorälen magisch anzuziehen schien. Im Gegenteil, die Zuschauermenge wurde größer und größer, und auf allen Gesichtern, ob weiblich oder männlich, zeichnete sich freudige Spannung ab. Allen voran: Matti, mit heiterem Lächeln. Und sogar die Gruppe ›Direktoren-Häuschen‹ wurde von dem Radau angelockt. Was, nebenbei bemerkt, etwas über die Lautstärke besagt, mit dem das ›Pourparler‹ geführt wurde …

Wir entdeckten: Die Tür zum Herrschaftsgebiet der Kochkünstlerinnen und Kochakrobaten stand weit offen. Je mehr wir uns dem für Laien wie mich geheimnisumwitterten Reich der Kochexperten, speziell der finnischen, näherten, desto größer wurde das Getöse. Freund Matti verhielt seinen Schritt und rückte in der Menge der Neugierigen nach hinten. Er schien sich vor dem, was sich da in der Küche abspielte, zu fürchten, hatte, vermute ich, Phantasien von Mord und Totschlag, der Angsthase.

Ich dagegen gab meinem finnischen Kumpel ein leuchtendes Beispiel meiner Courage. Denn ich bin von Natur aus mit ungeheurem Mut ausgestattet – manche Neider behaupten zwar, es sei reine Neugierde, aber diese Menschen verkennen schlicht, vermutlich sogar bewusst, meinen angeborenen, selbstlosen, ritterlichen Edelmut. Jedenfalls näherte ich mich unerschrocken dem Kücheneingang, wurde aber von Jens Machtniks, diesem nun wirklich ewig neugierigen, ausschließlich von Sensationsgelüsten getriebenen Taugenichts, zur Seite geschoben.

Nun gut, ich blieb verbindlich und höflich, versetzte ihm lediglich einen Klaps aufs Hinterhaupt und versuchte, weiter Richtung Küchentür vorzudringen. Letztlich erreichten wir beide gleichzeitig das Ziel.

Beim vorsichtigen Blick um die Flurecke fielen sämtliche Befürchtungen und alle phantasierten Bedenken schlagartig von uns, denn es gelang uns, ins Innere der *keittiö* (Küche) zu schauen: Die Ersten, die wir entdeckten, waren die Machtniksschen Kinder.

Silkchen stand auf einem Stuhl, krähte irgendwelche unverständlichen Wörter mit der Stimme einer Zehnjährigen (ich möchte ihre Tonlage mal »markant und unerbittlich« nennen) in den Raum, wohl als Rap-Gesang gedacht. Tommi, der fast (nach seiner Selbsteinschätzung allerdings vollständig) Erwachsene, saß hinter dem Küchentisch. Er hielt einen umgedrehten Kochtopf zwischen den Beinen, in der linken Hand einen Schneebesen sowie in der rechten einen Kochlöffel und trommelte aus Leibeskräften wechselnde Rhythmen auf seinem Blech.

Dieses wenigstens hinsichtlich der Lautstärke beeindruckende Konzert wurde von den anwesenden Erwachsenen (Jupp, Vreni, Riitta und den beiden selbst ernannten Küchen-Hilfskräften Annikki sowie Mervi) tatkräftigst unterstützt. Auch sie waren offensichtlich bester Laune und total aufgekratzt. Ich vermutete und bin immer noch davon überzeugt, sie hatten ein Schlückchen vom Wein genossen, den Jupp und Vreni von Deutschland zu Kochzwecken mitgebracht hatten. Denn tatsächlich erblickte ich nicht nur zwei geöffnete Weinflaschen auf der Anrichte, sondern dabei auch mehrere nicht gerade kleine Gläser.

Die erwähnten beiden Deutschen standen mit dem Rücken zur Küchentür gewandt. Vreni und Jupp sangen, als sie sich umdrehten und Jens, Detlev, mich und die anderen erblickten, aus vollem Hals gegen das ›Divertimento catastrophale‹ der Kinder und von Fridolin an. Was sie sangen, es blieb mir verborgen, es konnte sowohl ›Vom Himmel hoch, da komm' ich her‹ als auch ›Guten Abend, gute Nacht‹ sein – oder eine Mischung aus beiden Liedern.

Das Ganze klang wie ein schräges Zusammenspiel von Katzengesang, Rabengekrächze, Hundejaulen und Krokodilknurren in einem ›Concerto animale‹. Dazu kam, dass die finnischen Küchenfeen, und das waren immerhin vier holde, leider unausgebildete Vokalistinnen, in ihrer Muttersprache durchaus nicht feenhaft klingende Beiträge leisteten. Mit Mühe gelang es mir, immer mal die finnischen Worte *onnea* (Glück) und *sinulle* (für dich) aus ihrem Gesangsbeitrag herausfiltern.

Wo aber befand sich Viivi? Schließlich gehörte sie zur primär zuständigen Kochgruppe! Jetzt, beim ersten Blick in die Küche, war sie nicht sofort zu sehen. Aber da: In der hintersten Ecke, von unserem Blickwinkel aus halb verdeckt durch einen Hochschrank, stand sie, die Hände verschämt vors Gesicht geschlagen. Was hatte sie angestellt? Warum und wieso veranstalteten die anderen Küchengeister einen derartigen Zirkus?

Fast tat Viivi mir leid – bis ich entdeckte, dass sie unter den abwehrend vor die Augen gehaltenen Händen ein glückliches, wenn auch schüchternes Lächeln auf den Lippen trug. Und jetzt tauchte neben mir Detti auf, ihr Lebens- und Wegbegleiter, mit puterrotem Kopf und irgendwie verlegenem Gesichtsausdruck.

Ist es verwunderlich, dass sich mir und den anderen Beobachtern die Frage aufdrängte, was mit ihm los war, als wir ihn sahen? Es schien so, als ob irgendeine Angelegenheit Detlef zutiefst beschäftigte und beunruhigte. Er wirkte auf mich zerknirscht, so, als sei er in einer heiklen Situation erwischt worden. Jedenfalls hörte ich, wie er leise vor sich hinmurmelte: »Mist, Mist, Mist«, als er sich an mir vorbeidrückte. Dann konnte ich sehen, wie er mit betontem Eifer in lautes Jubeln ausbrach und seine Herzallerliebste zu umarmen suchte. Dabei rief er voller Inbrunst aus: »Herzlichen Glückwunsch, Schatzibatzi (er sagte wirklich »Schatzibatzi«!), zum Geburtstag!«

Viivi wartete, bis er fast bei ihr war. Erst dann nahm sie ihre Hände vom Gesicht, hob ihren Kopf in den Nacken, bis ihr Kinn in der Waagrechten lag und schaute ihren Gatten aus schlitzförmigen Augen vernichtend an. »Vielen Dank, Liebster«, ließ sie sich hören, kühl und schnippisch. Und fügte hinzu: »Gut, dass du daran gedacht hast ...«

Damit waren im Grunde genommen sämtliche Fragen beantwortet: Wo kam der Klamauk her, der Mattis Ex-Schul-Areal berieselte? Warum führte die durch Annikki und Mervi verstärkte Küchenmannschaft dieses musikalische Potpourri auf? Wo steckte Viivi, Detlefs bessere Hälfte? Was war der Grund für Dettis feuerrotes, schuldbewusstes Gesicht?

Eine Sache allerdings beschäftigte mich doch noch, als ich da vor der Küchentür stand und die Szenerie betrachtete, nämlich: Gab es gleich die große Versöhnung zwischen Viivi und Detti? Schließlich ist man(n) ja nicht uninteressiert am Eheleben guter

Freunde. Nicht, dass ich nun missverstanden werde: Intime Details gehen mich nichts an. Aber die Alltagsstimmung zu kennen, finde ich schon spannend, zu Vergleichszwecken beispielsweise. Und die aktuelle Problematik war besonders fesselnd. Denn, seien wir mal ehrlich: Welcher Ehemann hat noch nie den Geburtstag seiner Partnerin vergessen!? Oder den zehnten oder zwanzigsten, den fünfundzwanzigsten oder gar den fünfzigsten Hochzeitstag? Ich bin überzeugt, ich bin der Allerallereinzigste auf der ganzen weiten Welt, dem dieser Fehler noch niemals unterlaufen ist. Jawohl, bin ich! Auch aus diesem Grund ist mein Interesse am Fortgang der aktuellen Malaise doch einleuchtend.

Gerade beugt sich meine liebe Lebensgefährtin über meine Schulter und liest meinen hochliterarischen Text. Und was tut sie? Sie »tut zu lachen anfangen«, wie sich wir Deutschen im Alltag gerne auszudrücken belieben: Zum Beispiel »er tut husten.« Oder »sie tut malen.« Und so weiter.

Also, meine Ehegattin tut zu lachen anfangen. Und zwar schallend! Frechheit! »Du und noch nie was vergessen! Wie war das denn an meinem Geburtstag vor zwei Jahren? Was, mein Lieber, hattest du da geplant?! Jawohl, mein Herr, zum Roland wolltest du, sein neues Vehikel bestaunen! Am Nachmittag! Und Blumen hast du dann schnell bei der Tankstelle geholt. Hattest meinen Geburtstag total verschwitzt. So war das!«, tönt sie. »Na ja, das war aber das einzige Mal«, protestiere ich.

Sie lässt aber nicht locker. »Und wer muss dich immer an die Geburtstage der Kinder erinnern?« Es ist verflixt, denn sie hat recht. Wie immer halt. Und ich geb's ja zu, es passiert auch mir, dass ich mal sowas verschludere. Ist ja auch kein Wunder, bei den vielen Gedanken, Ideen, Problemchen und Projekten, die ich in meinem Kopf bewege, hin und her wälze und ventiliere und auf geradezu geniale Weise in der Regel leider nicht zu Ende bringe oder löse ...

Zurück nach Finnland in Mattis Baulichkeit, zu Viivi, Detti und allen anderen.

Viivi ist grundsätzlich eine sehr ausgeglichene und liebevolle Partnerin, und das bestätigte sich auch diesmal. Kaum hatte sie mittels Mimik und Blick dem schuldbewussten Detti einen Denkzettel verpasst, war ihr Zorn auch schon verflogen. Die beiden umarmten sich, dann vernahm ich Detlefs Stimme: »Ich hab' ja doch was für dich dabei, mein Schatz. Mitgebracht von zu Hause, aber einfach vergessen, es dir zu geben und zu gratulieren.« Damit verschwanden die beiden von der Bildfläche, unter Vivatrufen und Trommelwirbel sowie begleitet von sehr speziellen Mundharmonika-Klängen, die Fridolin mit dicken Backen schmetterte.

Bis zum heutigen Tag ist mir unbekannt geblieben, was Detti seiner Liebsten geschenkt hat. Mehrfache dezente Erkundigungen meinerseits, sowohl beim direkt betroffenen Ehepaar wie auch im Freundeskreis, blieben zu meiner tiefen Enttäuschung ergebnislos. Immerhin kamen wir alle dank der Initiative und des Improvisationstalentes der Küchenfeen im Laufe des Nachmittags an diesem denkwürdigen Tag in den Genuss von leckerem Kuchen und *pulla* (Hefeteilchen).

Die restliche Zeit des Tages verlief nach diesem Intermezzo in geschäftiger Arbeit.

Gegen Abend trafen wir uns im ›Speisesalon‹ und füllten unsere Bäuche mit *hernekeitto* (Erbensuppe), *ruisleipä* (Roggenbrot) und *karjalanpiirakka* (Piroggen) mit Eibutter. Dazu gab's leckeren Brotbelag wie den scharf schmeckenden Blauschimmelkäse ›Aura‹, Schnittkäse und Schinken sowie Wurst. Mittendrin erhob sich Matti, um wieder einmal eine seiner spektakulären Chefansprachen zu halten. Zu diesem Zweck hatte er sich, weiß der liebe Gott, wie er auf diese Idee gekommen war, ein Stehpult besorgt. Dazu war er, wie sich später herausstellte, am Nachmittag unbemerkt ins Dorf gefahren zur Gemeindeverwaltung und hatte dort den *»kunnanjohtaja«* (Gemeindedirektor, Leiter der Gemeindeverwaltung), seinen *»paras ystävä«* (besten Freund), so lange beschwatzt, bis dieser sich bereit erklärte, ihm ein Rednerpult aus einem der Konferenzräume leihweise zu überlassen.

Es ist, kurz sei es in diesem Zusammenhang erwähnt, für mich immer wieder beeindruckend, über wie viele ›beste Freunde‹ Matti allüberall verfügt. Da gibt es mindestens einen beim Steueramt, einen bei der Kirchengemeinde, einen auf dem Sportplatz, einen beim lokalen Gemeindeblatt, einen bei der *poliisi* (Polizei) und einen bei Ich-weiß-nicht-wo. Und sogar in *Saksa* (Deutschland) hat er zum wenigsten einen – nämlich mich.

Matti postierte sich also hinter seinem Katheder. Seine Miene drückte höchst Bedeutsames aus, er winkte mit den Händen energisch zur Ruhe, obgleich die Zuhörerschaft schweigend wartete und kein Mensch irgendein Zeichen der Ungeduld von sich gab. Seine auf Finnisch vorgetragene Rede hier wiederzugeben, halte ich nicht für sinnvoll, sondern beschränke meinen Bericht auf das, was er uns Deutschen mitzuteilen für erforderlich hielt. Dass sein Vortrag launisch und sehr speziell sein würde, zeigte sich schon gleich zu Beginn:

»Liebe deutsche Publikumser, seid ihr heute sehr fleißiges Arbeiter gewesen. Matti sagt euch Danke. Jetzt Sauna wird gehitzt für alle, aber Frauens gehen erstmal. Sollen machen Test, ob Sauna ist sich warm genug für Männer.«

Pause, freches Grinsen.

»Also, Männers gehen später als Frauens. Gehen erst, wenn Sauna ist richtig hitzig! Tüchlein zum Sitzen und Trocknen sind sich genug in vorigem Zimmer von Sauna (gemeint: Vorraum).«

Erneute Pause.

»Dann morgen: Wer hat sich Lüstlein (sic!) mitzufahren zu *kirpputori* (Flohmarkt) und ›*Elävä kauppa*‹?«

(Info: Das ›Eläva kauppa‹ ist ein Geschäft, das Artikel verkauft, die gespendet wurden. Mit dem Erlös werden soziale Maßnahmen finanziert. Hier arbeiten auch teilweise Mitarbeiterinnen und Mitarbeiter überbrückungsmäßig, die arbeitslos sind).

»Wir bringen Sachen aus Schulmeisterlein-Haus dorthin. Nicht das Bärlein, natürlich, was steht an Eingang. Wir fahren los nach *aamiainen* (Frühstück), um 11 Uhr. Müsst ihr hierher kommen, *kaurapuuro* (Haferbrei) zu essen und Kaffee oder Tee zu trinken!«

Und wieder Pause. Matti hat einen Zeigefinger erhoben, seine Augenbrauen sind hochgezogen. So will er offensichtlich unterstreichen, wie wichtig seine Hinweise sind. Mit erhobener Stimme fährt der Bursche fort:

»Jetzt also Sauna hitzen! Machen finnische Männer, weil deutsche nicht können, ho, ho, ho!«

Jens, Jupp, Detlef, Berthold, Cornelius, Alfons, Lothar und ich sind mit dieser Aussage natürlich keineswegs einverstanden. Protest ist angesagt! Fridolin bläst aus Leibeskräften ›We are the Champions!‹ auf seinem Mund-Orchestrion, und alle Deutschen, auch die Frauen, stimmen aus vollem Hals in die Melodie ein.

Das wiederum stachelt die Finninnen und Finnen auf. Die Stegbauer Jorma und Olli richten sich zu voller Größe auf, rollen mit den Augen und trommeln mit ihren Fäusten gorillamäßig auf ihre Brust. Risto, Pentti, Lasse und Markku klatschen rythmisch in die Hände und beginnen »*Sankarit*« (»Helden«) zu schmettern, ein Lied des Sängers Jukka Tapio Karjalainen, das nach den wahren Helden fragt.

(*»Keitä ne on ne sankarit, selleiset sankarimiehet, joita koko valtakunta arvostaa …«* – »Wer sind die Helden, jene Helden, die das ganze Land verehrt?«).

So. Insbesondere unsere Frauen, die finnischen ebenso wie die deutschen, behaupteten später, sie hätten wie die Nachtigallen gesungen, so lieblich und zart. Die Männer dagegen, typisch, hätten alle nur gegröhlt.

Wie dem auch sei: Falls jemand aus der Leserschaft der Überzeugung sein sollte, in Finnland gebe es keine wachsamen Nachbarn, sei er hiermit eines Besseren belehrt. Denn unser gemeinsames – oder richtiger ausgedrückt – konkurrierendes wechselseitiges Ansingen, bei dem beide Seiten versuchten, sich in Bezug auf die Lautstärke zu überbieten, hatte schon nach recht kurzer Zeit einen beeindruckenden Effekt:

Wir waren gerade mitten im schönen Gesang, als mit Schwung ein dunkelblauer Pkw auf das Schulgelände einbog und staubaufwirbelnd und mit quietschenden Bremsen vor dem Gebäude zum Stehen kam. Auf dem Fahrzeug war zu lesen: *»Poliisi«* und »*Polis*«. Eine Übersetzung ist wohl unnötig. Die beiden Insassen, eine junge Beamtin und ein älterer, vierschrötiger Beamter, stiegen aus, und wir hörten ihre Stimmen: *»Mitä täällä tapahtuu?!«*, zu Deutsch: »Was ist hier los?!«

Es stellte sich heraus, dass zwei Nachbarn aus jeweils etwa 400 bis 500 Meter entfernt stehenden, hinter Waldungen versteckten Häusern einen Notruf bei der Polizei abgesetzt hatten, wegen des bedrohlich klingenden Lärms aus Richtung Schule. Und die beiden von der Dorfpolizei, Erlösung aus ihrem monotonen, faden Dienstalltag hoffend, waren sofort losgestürzt, mit Blaulicht. Die Sirene allerdings ließen sie ausgeschaltet, ich behaupte, wegen eines gewissen Restes an Hemmung und Scheu. Sie hingegen begründeten es auf meine wissbegierige Nachfrage hin damit, sie hätten etwaige Verbrecher nicht durch ›Tatütata‹ vorzeitig warnen wollen.

Sei es wie es sei, jedenfalls begeisterte ihr Erscheinen sowohl Tommi als auch Silke, während sich Matti mit rotem Kopf bemühte, dem Gendarmen und seiner Kollegin zu erklären, es habe lediglich eine konzertante Chorprobe stattgefunden. Mich amüsierte dabei besonders zu sehen, wie peinlich ihm das Ganze war – er meinte mir gegenüber später mehrfach, hoffentlich erfahre sein *›paras ystävä‹* (wir erinnern uns, was dieser Ausdruck bedeutet?!) bei der *poliisi* nichts von dieser Angelegenheit.

Nun, die beiden erhielten zum Trost für ihr vergebliches Kommen Kaffee und je ein Stück leckeres *pulla*, halfen beim Anheizen der Sauna durch gute Ratschläge, bewunderten das Haus, den Steg und insbesondere den Bären vorm Hauseingang und verschwanden nach etwas mehr als einer Stunde ohne Blaulicht.

Die Saunavorbereitungen nahmen inzwischen ihren für uns Deutsche sehr beeindruckenden Fortgang. Die für das Anfeuern des Ofens zuständigen Finnen waren eifrig damit beschäftigt, sich grundsätzlich über die korrekten Schritte insbesondere hinsichtlich der Anheiztechnik zu streiten. Und zwar Frauen ebenso wie Männer. Die erforderliche Vorgehensweise, die nötigen Aktionen, das gesamte Prozedere, alles schien äußerst komplex zu sein. Und jede und jeder hatte einen eigenen Kniff, einen ganz speziellen Zaubertrick, der, und nur der, ein besonders glorreiches, einzigartiges, unvergessliches Saunaerlebnis gewährleiste.

Die Diskussionen begannen bei der Auswahl der Holzscheite für den Ofen: welche Holzart, welche Größe, welche Länge, welche Oberflächenbeschaffenheit war die richtige? Wie war das Holz zu schichten? Quer oder längs? Zuerst Papier drunter zum Anzünden? War das Papier zu knüllen oder zu rollen? War nicht Pappe besser? Am besten war, meinte Mervi, das fettige Einwickelpapier von der Saunawurst. Das, wiederum, äußerte Annikki, gehöre nicht unter, sondern auf das Holz. Obendrauf? Viivi war schockiert, das würde niemals brennen! Und außerdem: War die Ascheschublade geleert? Waren die Lüftungsschlitze in den Feuerungstüren vollständig oder nur etwas zu öffnen oder sogar total zu schließen? War der eigenständige Ofen zum Erhitzen des Wassers jetzt oder erst später anzuheizen, damit das Wasser nicht zu heiß wurde oder gar anfing zu kochen?
Und selbstverständlich gab es wie beim eigentlichen Saunaofen auch beim ›Wasser-Ofen‹ die selben Fragen bezüglich Holz und Papier. Matti echauffierte sich übrigens völlig, da er sie noch nicht gelesen hatte, als Jorma ausgerechnet die aktuelle Tageszeitung zum Anfeuern verwenden wollte.

Olli und Risto zogen derweil unter Ächzen und Schnaufen die zwecks mehr Bewegungsfreiheit von den Öfen zur Rückwand weggeschobenen Saunabänke nach vorne. Das hatte den nicht gänzlich erwünschten Effekt, dass sie von Lasse lautstark verflucht wurden, weil er sich prompt den Schädel rammte, als er sich aus seiner gebückten Haltung vor der Feuerstelle aufrichtete.

Auch bei den Damen gab es kleine Unstimmigkeiten. Sie waren sich uneinig darüber, ob die großen Badetücher in den Regalen im Vorraum unten liegen sollten oder oben. Ferner – wirklich! – bot die Farbe der Sitztücher Gesprächsstoff: blau für die Männer, rosa für die Frauen? Viivi, gendermäßig am engagiertesten, forderte gemischte Farbpaletten, Mervi, eher konservativ, bestand auf farblicher Trennung. Auch bei den Garderobehaken fanden die Damen einen Anlass zur Diskussion: Päivi und Riitta plädierten dafür, die obere Reihe für die Männer und die untere für die Frauen zu reservieren. Begründung: Die Männer seien grundsätzlich zwar nicht bezüglich der mentalen Ausstattung, jedoch hinsichtlich des Körperbaus größer, daher seien die höheren Aufhängungen besser für sie geeignet. Annikki, unterstützt von Viivi, protestierte. Ihre Bademäntel wären genausoviel wert wie die der Männer, zudem länger, daher gehörten sie an die obere Hakenleiste. (Viivi zu Vreni: »Du müsstest mal Dettis Frotteeumhang sehen – oder besser nicht. Der ist so kurz wie ... na ja, kurz eben!«)

Ein ebenfalls sehr zentrales Thema in der Damenrunde war, für welche Dauer die Frauen die Sauna beanspruchen sollten, das heißt, wie lange die Männer zu warten hatten, ehe sie nach den Frauen in die Sauna gehen könnten. Die Vorschläge reichten von 40 Minuten bis zu zwei Stunden. Das Problem schien unlösbar, keine Seite wollte nachgeben. Letztlich konnte der Streit nur mittels Streichholzziehens gelöst werden, nachdem die Debatte immer hitziger wurde und zu einer kleinen Rauferei auszuarten drohte.

Dieses Losverfahren führte zum Ergebnis, das alle Seiten zufriedenstellte: Der Zeitraum sollte 40 bis 120 Minuten betragen, je nach Befindlichkeit der Saunagängerinnen.

Falls bei meiner Leserschaft nun die Frage auftauchen sollte, wie bei der Methode des Streichholzziehen eine derartige Lösung überhaupt möglich ist: Tut mir leid, ich kann's auch nicht erklären.

Silke und Tommi lehnten jegliche Beteiligung am Saunagang

ab und hielten sich so fern wie möglich von Sauna und Saunierenden. In ihrem Alter ist das absolut verständlich, denke ich.

Trotz alledem wurde es ein wirklich wunderschöner, harmonischer Saunaabend, und zwar für sämtliche Beteiligte. Die heiße Sauna und das erfrischend kühle Wasser des Sees beseelten Körper und Gemüt, die im warmen Abendrot untergehende Sonne färbte See und Himmel in herrlichen Farben und ließ den erlebnisreichen Tag mit ruhigen Gedanken ausklingen.

13 Besuch und Fundsachen im »*Elävä kauppa*«: Mattis Neuerwerbung

Nach diesem ereignisreichen Tag trafen wir uns rechtzeitig im ›*Karhun keskus*‹ (Bärenzentrum) – so die von Matti erdachte Bezeichnung für sein ehemaliges Schulhaus und zukünftiges Ausflugslokal. Alle Bewohnerinnen und Bewohner des Schulareals waren schon seit den frühen Morgenstunden damit beschäftigt, die in zahlreichen Kisten und Kästen, Taschen und Tüten verpackten Schätze vom Dachboden des alten Schulgebäudes sowie vom Speicher und aus den ehemaligen Wohnräumen des Schulleiterhäuschens in den Autos und auf dem Anhänger von Lasse und Markku zu verstauen. Trotz aller Bemühungen, und obwohl auch die Kleinlastwagen und der von Deutschland mitgebrachte Kleinbus bis unters Dach mit kunterbuntem Krimskrams vollgestopft wurden, konnten nicht sämtliche Gegenstände verladen werden. Matti und Olli beschlossen daher, nach Abladen der ersten Fuhre beim *Elävä kauppa* nochmals zurückzufahren und die restlichen Sachen bei einer zweiten Tour zum *kirpputori* zu bringen.

Für Leserinnen und Leser, die die finnische Einrichtung des *kirpputori* nicht aus eigener Anschauung kennen, sei diese hier in kurzen Worten dargestellt: Die Räumlichkeiten dieser Flohmärkte befinden sich in Privatbesitz – entweder gehören sie den Betreibern oder sind von diesen gepachtet. Vielfach werden für diese Zwecke leerstehende Häuser und Ladenlokale genutzt. Interessenten, die dort etwas zum Kauf anbieten möchten, mieten für einen bestimmten Zeitraum entsprechende Verkaufsflächen. Meist sind das Regale mit zwei bis drei Ebenen, etwa zwei Meter breit und zwei Meter hoch.

Die Kosten für diese Verkaufseinheiten sind vom Inhaber

festgelegt, nicht verhandelbar und müssen gezahlt werden, unabhängig davon, ob von den angebotenen Artikeln etwas verkauft wird. Der Vorteil für die Verkäufer ist: Sie müssen nicht ständig bei ihren Waren anwesend sein, da jeder einzelne Gegenstand mittels einer aufgeklebten Nummer mit Kaufpreisangabe dem jeweiligen Anbieter zugeordnet werden kann. Der Preis ist vom Anbietenden festgelegt und wird vom Käufer an der Kasse zentral bezahlt. Der betreffende Verkäufer erhält dann später die Verkaufssumme. Ein Verhandeln zwecks Preisnachlässen, wie wir es hier in Deutschland bei unseren ›offenen‹ Flohmärkten gewohnt sind, ist im *kirpputori* nicht möglich.

Zurück zum Transportvorhaben: Bis auf Riitta waren die Frauen auf Anordnung von Matti »im Schulhäuslein zur Bewachung« zurückgeblieben. Die Männerriege dagegen war vollständig vertreten. Auch Silke und Thomas hatten beschlossen mitzukommen, wohl in der Hoffnung, irgendetwas Tolles ›abstauben‹ zu können.

Am *Elävä kauppa* erwartete uns die Leiterin der Einrichtung. Sie hieß Eeva und war Mattis *»paras ystävä«* (wir wissen: »beste Freundin«, was auch sonst), wie er mir während der Fahrt verraten hatte. Eeva trug einen gelb-orangenen Overall, hatte eine große Brille auf der Nase und blickte unserem Konvoi misstrauisch entgegen. Als wir hielten, hob sie kurz die linke Hand zum Gruß und meinte: *»Moi!«*, was Matti stellvertretend für uns alle mit *»Moi!«* beantwortete.

Anschließend schritt Eeva unsere Fahrzeuge mit prüfendem Blick ab und lugte zuerst durch die Fenster des Busses ins Innere, eindeutig mit der Absicht, die deponierten Dinge zu begutachten. Dabei entrang sich ihrer Brust ein schwerer Seufzer – jedenfalls schien es mir so.

Als Nächstes ließ sie Markku die Planen von Anhänger und

Lastwagen lösen und anheben, um die dort verstauten Gegenstände sehen zu können. Dabei wiederholte sich ihr Seufzen. Ich überlegte schon, ob sie womöglich herzkrank war? Aber ihre Gesichtsfarbe war so rosig-gesund, dass ich diese diagnostische Vermutung umgehend verwarf. Vielleicht leidet sie einfach unter irgendeiner leichten depressiven Verstimmung, ging mir durch den Kopf. Oder es waren ganz im Gegenteil schlicht und einfach Seufzer der Begeisterung, Zeichen ihrer Freude über die herrlichen Sachen, die wir brachten. Wer wusste das schon?! Ich jedenfalls nicht.

Als Letztes marschierte Eeva weiter zu den Pkw, um dort die im Inneren und in den Kofferräumen untergebrachten Teile einer ersten Prüfung zu unterziehen. Ihren Kopf hielt sie leicht gesenkt, ihr Seufzen nahm nun schon staunenswerte Ausmaße an. Sie musste überglücklich über die Warenlieferung sein. Matti strahlte übers ganze Gesicht und kommentierte die Situation mit einem angemessenen *»No niin!«*, was Eeva mit einem eher geseufzten, frohen *»No niin«* bestätigte. Dann ging es ans Aus- und Abladen.

Obwohl ich in den vorausgegangenen Tagen und auch jetzt beim Beladen der Fahrzeuge durchgehend beteiligt gewesen war, staunte ich über die Berge von außerordentlich exklusiven Gegenständen, die dem *Elävä kauppa* zugedacht waren: Es gab Unmengen an Porzellan in jeglichen Formen, Farben und Mustern, überwiegend ›Made in Hongkong‹ und ›Made in Russia‹, einige wenige waren von *Arabia* oder *Iitala*, also finnische Markenware. Eine fast unendliche Vielfalt von Glasartikeln, meist Wassergläser und Vasen sowie einige Krüge hatten sich in der Küche des Schulgebäudes und in der des Direktoren-Hauses gefunden und sich zum Porzellan gesellt. Bergeweise gehörten Tischdecken, Tischläufer, handgewebte Platzdeckchen, auch mehrere karelische *raanut* (Wandteppiche) sowie Kopfkissen und Bettbezüge zum Angebot.

In mehreren großen Kisten hatte das ›Aufräum-Kommando‹ all den Kleinkram aus Schubladen, Schränken und Kommoden verstaut, der ihnen in die Hände gelangt war. Dabei befand sich auch der früher erwähnte ›Sultan‹-Artikel, der von irgendwem (Matti? Jens? Tommi?) wieder aus dem Abfalleimer gekramt worden war, in den die Frauenriege ihn verbannt hatte ... Zudem ragte zwischen dem ganzen Trödel eben jener Serviettenständer aus Kupferdraht hervor, den ich schon beim damaligen Ausmisten gesehen hatte. Und – täuschte ich mich oder war es wahr – da lag doch in einer Teetasse das Gebiss, das Tommi gefunden und in die Gießkanne eingebaut hatte, um (vergeblich) Silke in Schrecken zu versetzen. Ich vermute stark, Jens (wer sonst?) hatte es aus Tommis Kunstwerk entnommen und den fürs *Elävä kauppa* gedachten Utensilien beigefügt.

Ich will nicht langweilen, indem ich bei meiner Aufzählung der Spendenartikel zu sehr ins Detail gehe. Deswegen erwähne ich lediglich noch die handgestrickten wollenen Unterhosen, die schwarze Männerperücke, den Gedichtband von 1923, die Halskette mit unechten Perlen, die knallrote Steingutvase, mehrere Schallplatten längst vergessener finnischer Akkordeon- und Gesangsgruppen und den verstaubten Rosenstrauß aus Plastik.

Eeva ließ uns das gesamte Kleinzeug in einen großen Lagerraum bringen. Hier werde alles sortiert, meinte sie. Drei ihrer eigenen Mitarbeiter unterstützten uns bei dieser Verräumung. Diese kräftig gebauten Helfer warfen einen kurzen Blick auf die Kisten in unseren Fahrzeugen, dann schauten sie sich ebenso kurz gegenseitig an, zeigten ein angedeutetes Grinsen, und anschließend hörte ich die Stimme des ältesten von ihnen: »*No niin, Maunon tavarat!*« (Na ja, Maunos Sachen!). Wegen des besseren Verständnisses sei erklärt, dass *›Mauno‹* ein alter finnischer Vorname ist.

»Maunos Sachen«? Ich blickte Matti fragend an. Der hatte seine großspurigste Miene aufgesetzt und nickte lässig: »Guckst du, kleines Hühnchen! War sich Schulmeisterlein von früher von Schule. Hieß sich Mauno Koulupelkonen. War hier in Ort sehr bekanntes Mann!« Er wandte sich im heimischen Finnisch-Slang an die drei Burschen. Wie sich herausstellte, waren alle drei bei *Herra* Koulupelkonen unterrichtet worden und kannten die meisten der von uns mitgebrachten Sachen persönlich – einschließlich, wie sie betonten, Gebiss und Perücke. Es ist kaum zu glauben, welche sagenhaften Geschichten man in finnischen ländlichen Gebieten erleben kann. Wieder einmal war ich ungeheuer beeindruckt.

Nachdem die Quisquilien im Lagerraum verstaut waren, wobei Eevas Mitarbeiter tatkräftig mithalfen, begann das Entladen des Mobiliars aus dem Schulleiterhaus und der eigentlichen Schule. Wie schon beim Kleinkram waren die meisten Gegenstände den drei Hünen des *Elävä kauppa* wohlbekannt. Immer wieder konnte ich beobachten, wie sie sich grinsend anstießen und irgendwelche mir unverständlichen Bemerkungen vom Stapel ließen. Und einmal riefen sie sogar Matti zu sich, deuteten auf eines der Schülerpulte, die wir aus dem zweiten, noch nicht sanierten Klassenraum geholt hatten und zeigten auf die Schreibfläche des Möbels. Was war dort zu sehen?

Ich stellte mich zur ›Inspektionskommission‹, reckte den Hals und konnte so zwischen Matti und einem der drei hindurchblicken. Da fand ich denn auf dem Pult eingeschnitzt einige Wörter, nämlich: *›Risto ja Suvi‹* und daneben ein Herz. Das finnische Wörtlein *›ja‹* bedeutet auf Deutsch ›und‹. *›Risto‹* ist ein finnischer männlicher und *›Suvi‹* ein weiblicher Vorname.

Was ein Herzchen bedeutet, bedarf wohl keiner Erläuterung.

Was berichteten nun die drei Helfer? Ich verstand nur Bruchstücke ihrer Erzählung, aber es wurde klar: Die beiden Kinder Risto und Suvi hatten tatsächlich ihre kindliche Zuneigung in erwachsene Liebe münden lassen, hatten geheiratet und lebten immer noch zusammen in der dem Dorf benachbarten Stadt. Und: Risto hatte ebenso wie seine Suvi Pädagogik studiert. Beide waren bis zu ihrer Pensionierung als Lehrkräfte tätig gewesen.

Selbstverständlich wurde dieses Schulpult umgehend wieder auf den Anhänger geladen, um es möglichst bald Risto und Suvi vorzuführen und es Ihnen, falls sie es haben wollten, zu überlassen.

Es nahm geraume Zeit in Anspruch, die Möbel, teils in Einzelteile zerlegt, ins Lager des *Elävä kauppa* zu verfrachten. Eeva erschien zwischendurch immer mal, um wenigstens schon eine gewisse Vorauswahl zu treffen. Ich nehme an, dass sie einige der Sachen, die sie beiseite räumen ließ, am liebsten zurückgewiesen hätte. Aber Mattis ›Renommee‹ verhinderte dies. Allerdings musste mein guter Kumpel mit ansehen, dass schon während unserer Anwesenheit die drei mehrfach erwähnten Helfer mit einer weiteren Ausmusterung begannen und vieles in einen Müllcontainer im Hintergrund des Lagerraumes warfen. Darunter befanden sich zu Mattis größtem Leidwesen nicht nur die Zahnprothese, sondern auch das Haarteil und der Plastik-Blumenstrauß. Gerade beim letzteren Objekt flüsterte Matti mir völlig indigniert ins Ohr: »War ich kleines Dummerlein. Hätte ich sollen Blümlein behalten für Geburtstag von Päivi! Kann ich aber jetzt nicht nehmen zurück.«

Ich bin mir absolut sicher, Päivi hätte gejubelt, wenn sie dabei gewesen wäre, als dieser zerfledderte Staubfänger in den Abfall wanderte – und hätte ebenso herzhaft gelacht, wäre das Ding ihr zum Geburtstag von Matti überreicht worden.

Matti wäre nicht Matti, wenn er nicht die Gelegenheit genutzt hätte, das *Elävä kauppa* und dessen weitläufigen Verkaufsraum voller Alltagsartikel und Kuriositäten auf der Suche nach Gegenständen zu durchstöbern, die er in seinem ›Bärenzentrum‹ verwenden könnte. Auch wir anderen aus der Möbelpackertruppe durchstreiften die Gänge, betrachteten prüfend hier ein Ölgemälde mit grünen und violetten Katzen in einem hellblauen Körbchen, nahmen dort einen Andenkenteller aus Heidelberg in die Hand, schlüpften rasch mal in spezielle brustlange Gummihosen für Lachsangler. Fridolin hatte seine Lesebrille aufgesetzt und durchblätterte einen Karton mit Noten, in der Hoffnung, dort in Bezug auf Mundharmonika-Musikalien fündig zu werden. Lothar, wie bekannt Reifenhändler, hatte einen Glasaschenbecher, eingesetzt in einen kleinen Gummireifen, entdeckt und hielt ihn mit beiden Händen fest, damit ihn kein anderer wegschnappen konnte. Olli, Jorma, Lasse und Markku durchwühlten die Regale, in denen Werkzeug, Kabel, alte Decken- und Wandlampen versammelt waren.

Und was tat ich? Tja, stets bereit, mich als Musikus und Pianist zu outen, hatte ich in einer Ecke ein Klavier entdeckt. Es hatte zwar so seine Macken, ließ beispielsweise beim Anschlagen der C'-Taste gleichzeitig D' und E' hören und vertat sich auch bei einigen anderen Tönen prinzipiell, so dass mein Spiel recht schräg klang, aber alle fanden es dennoch, na, sagen wir mal, bemerkenswert. Bis auf Fridolin. Der zeigte steile Falten auf der Stirn und forderte mich immer wieder inständig auf, endlich das Gejaule zu beenden. Gleichzeitig zog er drohend seine Maulorgel aus der Tasche und drohte mit dem Radetzky-Marsch; aber natürlich hatte er keine Chance. Ich donnerte mit solcher Vehemenz in die Tasten, dass die Gläser und Tassen in den umstehenden Regalen klirrten und regelrechte Luftsprünge vollzogen.

So genossen wir alle den Aufenthalt, und jeder hatte seine Freude und sein Pläsier.

Bevor wir wieder Richtung alte Schule aufbrachen, um dort die Sachen zu holen, die für den *kirpputori* bestimmt waren, fand Matti allerdings im *Elävä kauppa* das absolute Glanzstück, die Sensation, den Knüller von allem. Das war zumindest seine Überzeugung, die er uns gegenüber äußerte, ohne Widerspruch zu dulden.

Was es war? Es war ein Monstrum. Ich hatte es schon vor Matti entdeckt und war versucht gewesen, es sicherheitshalber mit einem großen Tuch zuzudecken, um zu verhindern, dass er es zu sehen bekäme. Denn ich kenne Matti zur Genüge. Leider war mir zum selben Zeitpunkt das Klavier zu Gesicht gekommen, und daher hatte ich versäumt, meinen gutgemeinten Plan in die Tat umzusetzen. Und so blieb das Unheil nicht aus: Matti reagierte prompt und wie erwartet. Das Ding sehen, einen Jubelschrei ausstoßen und öffentlich mitteilen, das werde er kaufen, egal, was es koste, war das Geschehen einer Sekunde.

Bei dem Ungetüm, für das Matti so kolossal schwärmte, handelte es sich tatsächlich um einen wahren Koloss! Es war ein Tasteninstrument, jedoch nicht irgendeines, sondern eines mit einer technischen Besonderheit: einem Tretbalg. Jawohl, die finnische Koryphäe in Chaotismus namens Matti hatte in der dunkelsten Ecke vom *Elävä kauppa* ein Harmonium entdeckt. Groß, tonnenschwer, uralt.

Wer schon einmal das ›Vergnügen‹ hatte, dem Klang eines Harmoniums zu lauschen, wird mir sicherlich zustimmen: Es ist zum Weglaufen. Da sitzt der Musikus auf einer Bank vor der Tastatur, strampelt sich in wirklich bedauernswerter Weise mit den Beinen halb zu Tode, um den Blasebalg nicht nur in Gang zu setzen, sondern vor allem in Gang zu halten. Er wirkt wie der Kasper persönlich, wie er da auf dem Bänklein herumturnt. Jeden Augenblick droht er, das Gleichgewicht zu verlieren und von der Sitzfläche zu rutschen. Hört er auf, mit den Beinen wie wild zu pedalieren oder legt beim Betätigen des Pumppedals eine zu lange Pause ein, werden aus den sowieso gequetschten Tönen ersterbende Quietschlaute, die die Zuhörenden ernsthaft und zwangsläufig in tiefe Traurigkeit versetzen und zum Weinen bringen.

Diese Ungeheuerlichkeit im Panoptikum der verzichtbaren Musikinstrumente also hatte Herr Matti beschlossen, käuflich zu erwerben.

Auf Eevas Antlitz zeigte sich ein strahlendes, glückliches Lächeln, als Matti zu ihr ins Büro stürmte, mit der Botschaft, er wolle das Ungetüm erwerben, Sekunden, nachdem er das Harmonium erspäht hatte. Mir rief er noch gehetzt zu, er müsse das wunderbare Instrument kaufen, bevor ein anderer ihm zuvorkomme – eine Befürchtung, die ich, ehrlich gesagt, nicht ganz nachvollziehen konnte.

Besonders erfreulich war es für die versammelte Mannschaft, dass sie den Transport vom Geschäft zum Anhänger (und selbstverständlich vom Anhänger an den Standort in Mattis ›Schulkomplex‹) vornehmen durfte. Dazu muss man wissen, dass so ein Gerät etwa 200 bis 250 Kilogramm wiegt. Wenigstens traf diese Gewichtsangabe auf das Harmonium von der aktuellen Größenordnung zu. Gefühlt allerdings habe es ein Gewicht von an die zehn Zentner, meinte Lasse.

Fridolin beteiligte sich am Transport, indem er den tätigen Schleppern musikalisch mittels seiner Mundharmonika zur

Seite stand und den Song ›Kraftmensch‹ der Gruppe ›Held der Arbeit‹ anstimmte – einige Tonfolgen zumindest erinnerten mich an diesen tollen Song. Im Gegensatz zu dieser lebensfremden Form der Unterstützung war ich natürlich schon wesentlich tatkräftiger: Ich dirigierte die Träger fürsorglich zum Anhänger und auf Mattis Areal von dort zum Haupthaus, lehnte mich sogar einmal mit dem Rücken an den Klotz von Harmonium, als die schwächlichen Träger es in Schieflage rutschen ließen, stöhnend, es sei *»hiton painava!«* (verdammt schwer!)

Übrigens war Mattis Begründung für den Erwerb des Instruments einleuchtend: »Musst du wissen, kleines Bücherschreiberlein, Harmonikumchen gehört sich in Schulhäuslein. Wurde früher gespielt dort mit Gesang von Schülerlein, immer sehr fromme Lieder. Oder finnisches Nationalhymne!« Und damit hat er wirklich recht: Ich habe das von vielen Finninnen und Finnen bestätigt bekommen.

Päivis Überraschung, als wir mit diesem monströsen Möbel ankamen, lässt sich kaum beschreiben. Im ersten Moment riss sie ihre Augen so weit auf, dass ich glaubte, sie würden ihr aus dem Kopf fallen. Dabei blieb ihr Mund offenstehen, und sie konnte nur noch gurgelnd »Oh!« äußern. Matti, erkennbar, wenn auch nicht verstehbar, in der Überzeugung, dies sei ein Ausdruck der Freude, rief ihr glücksstrahlend zu: *»Eikö olekin ihanaa!«* (Ist es nicht wunderbar!).

Päivi schwankte leicht und sank kraftlos auf einen Stuhl. Ich stand in ihrer Nähe und konnte hören, wie ihre beste Freundin, sprich meine liebe Ehegattin, sich über sie beugte, ihren Mund nahe an ihr Ohr brachte und flüsterte: »Ich kenne einen hervorragenden Scheidungsanwalt.« Sie bediente sich auffallenderweise dabei der deutschen Sprache, ich vermute, damit die umstehenden Finninnen und Finnen ihren freundschaftlichen Hinweis nicht verstehen konnten.

Mich allerdings verunsicherte ihre Beratungstätigkeit; wieso kannte sie einen Advokaten, der sich auf Scheidungen spezialisert hatte? Ich musterte meine bessere Hälfte scheu und mit einem gewissen Argwohn. Doch sie schaute mich mit so fröhlich strahlenden Augen an, dass meine Sorge sofort verschwand.

In Päivis Blicken dagegen war keine unbeschwerte Freude zu finden, oh nein! Ihre Augen schossen Blitze! Treffender gesagt, nicht nur Blitze: Es war ein orkanartiges Unwetter, ähnlich denen, die man beispielsweise in den Tropen erleben kann, wo Blitz auf Blitz folgt, das Donnergrollen nicht verstummt.

Matti schien diesen Tornado nicht zu bemerken. Er ist ja in dieser Beziehung deutlich abgehärtet, vielleicht auch kaltschnäuzig zu nennen. Zudem hat er die Erfahrung gemacht, auch der bedrohlichste Zyklon geht irgendwann vorüber. Also wies er die Träger an, das Harmonium in eine Ecke zu stellen, die er für geeignet hielt und wandte sich dann an mich, von dem er wusste, dass er mit Instrumentaltastaturen so einigermaßen geschickt umgehen kann. »Spiel mal was, kleines Klavierspielerleinchen, zur Aufmunterung!« Ich lehnte mit einem verbindlichen »Nein danke!« ab, was Herrn Matti ziemlich erboste. »Bist du kleines dummes Hühnchen! Spiele ich selbst!«

Da war ich gespannt. Es war mir bis dato unbekannt geblieben, dass der finnische Bursche irgendein Tasten- oder sonstwie geartetes Instrument spielen konnte, ausgenommen Trillerpfeife beim Eishockey. Und meine Erfahrung täuschte mich nicht. Matti nahm umständlich auf der Harmoniumbank Platz, strampelte und strampelte, stöhnte und ächzte, suchte und fluchte und gab seine Bemühungen schließlich auf, nachdem es ihm gelungen war, immerhin einen einzelnen Ton zu erzeugen. Der, freilich, erinnerte stark an die Blähungen eines Flusspferdes bei der Balz.

Aber! Sich sehnsuchtsvoll hinzugeben an eine nicht vorhandene Musikalität und sich abzuarbeiten an einem grundsätzlich undankbaren Gerät, diese Schwerstarbeit hatte Erfolg: Die gesamte Zuhörerschaft, einschließlich Päivi, musste so lachen, dass mit den entsprechenden Tränen sämtliche Topfpflanzen im Speiseraum – immerhin drei Begonien und eine Bromelie – hätten gewässert werden können.

Das Lachen seiner Päivi und der Versammlung zu sehen und Oberwasser zu bekommen, war bei Matti eins. Er umarmte seine Angetraute, die dies auch geschehen ließ, ihm trotz allem aber eine Kopfnuss verpasste. Seine wortreiche Erklärung, warum, weshalb und wieso er dieses Harmonium erstanden hatte, beantwortete sie mit einem unbeeindruckten *hullu* (Spinner), ihrem schlimmsten Schimpfwort.

Nachdem das ›Disharmonikum‹ seinen Platz gefunden hatte, starteten wir erneut Richtung Ortszentrum, um den restlichen Kleinkram zum *kirpputori* zu bringen. Matti hatte dort im Voraus für zwei Wochen drei Verkaufsplätze reserviert. Silkes und Tommis Aufgabe am gestrigen Abend, während die Erwachsenen in der Sauna waren, war es gewesen, anhand von Listen die einzelnen Artikel zu kennzeichnen und jeweils die Preise auf Etiketten aufzukleben. Für diese Arbeit hatte Matti ihnen zehn Prozent des Umsatzes versprochen, wodurch der Arbeitseifer der beiden erstaunlich erhöht wurde.

Anlieferung und Aufbau der Gegenstände beim *kirpputori* verliefen unspektakulär. Silke und Thomas waren eifrig dabei, den Kleinkram möglichst ansprechend zu dekorieren. Die Zahl der Gegenstände war utopisch. Deutlich wird das bei der Tatsache, dass die Kinder und Matti sowie mehrere der Frauen über vier Stunden mit dem Arrangement zubrachten: Hier musste ein Brotkörbchen aus Birkenrinde nach vorne gestellt werden, dort ein gußeiserner Aschenbecher nach hinten. Die alten Weihnachts-Postkarten gehörten so in eine Schachtel einsortiert, dass die Motive sofort sichtbar waren, die handgewebten Tischläufer waren gefälligst ordentlich und akkurat zusammengerollt zu präsentieren und so weiter und so fort.

Gegen Abend machten sich die Anspannung und der Arbeitsdruck dieses Tages bei allen bemerkbar. Jorma, Risto und Pentti erklärten trotz ihrer Müdigkeit, unbedingt wieder in die Sauna gehen zu wollen und marschierten auch sofort, noch vor dem Abendessen los, um die Öfen anzuheizen. Später, nach dem Saunagang, an dem sich wieder alle beteiligten bis auf die Jugendlichen, saß die Gruppe noch ums Lagerfeuer am See. Es wurde wenig gesprochen, überwiegend beobachtete jede und jeder die Flammen und hing träumerischen Gedanken nach. Es war kaum ein Windhauch zu spüren, die Stimmung am dämmerigen Ufer ›beim leisen Plätschern der Wellen‹ war friedlich und entspannt.

Auch ich saß in der Runde. Ein paar Fragen gingen mir durch den Kopf: Wie würden Umbau und Sanierung von Mattis Errungenschaft vorankommen, welche abstrusen Dinge würden sich noch finden und welche unvorhersehbaren Vorfälle würde es noch geben? …

Nachtrag:
Die Renovierung wurde in diesem Sommer fast vollständig abgeschlossen. Mattis Idee eines *ravintola* (Restaurant) wurde nicht verwirklicht, da die behördlichen Auflagen zu groß gewesen wären. Denn nicht nur in Deutschland wird das Untier ›Bürokratie‹ kräftig gefüttert und großgezogen ... Das Harmonium hat Matti überholen lassen. Es sei sehr gut geeignet, meinte er mir gegenüber vor kurzem, um unliebsame Besucher zu verjagen.

Nachtrag zum Nachtrag:
Alle am Projekt der ›Schulkomplex-Sanierung‹ beteiligten deutschen Akteure zeigten sich nach der Rückkehr in heimische Gefilde einig: Dies sollte nicht die letzte gemeinsame Fahrt der inzwischen eingeschworenen Gemeinschaft nach Suomi gewesen sein ...

14 Deutsch-Finnisches Glossar

Addition	yhteenlasku
Akkordeon	haitari
Arbeit	työ
Autobahn	moottoritie
Bahnsteig	laituri
Bär/Bärin	karhu
bäuerliches Nebengebäude	aitta
bester, beste, bestes	paras
Bist du nicht der ...	Etkö sinä ole se ...
Bist du nicht?	etkö?
Blödmann	hullu
Brei	puuro
Danke	kiitos
das stimmt!	tosi on!
der/die/das (Relativpronomen)	joka
Deutschland	Saksa
du bist	olet
du warst	olit
du	sinä
Eichhörnchen (Plural)	oravat
Eichhörnchen (Sing.)	orava
Enkelkind	lapsenlapsi
er	hän
er/sie/es ist	on
er/sie/es wartet	odottaa
Erbsensuppe	hernekeitto
erneut	taas
es	se
euer	teidän
Flickenteppich	räsymatto
Flickenteppiche	räsymatot
Floh	kirppu

Flohmarkt	kirpputori
Frage	kysymys
Freund/Freundin	ystävä
Freunde/Freundinnen	ystävät
Frühstück	aamainen
Füllwort mit untersch. Bedeutung	no niin
für dich/dir	sinulle
Gegenstand	tavara
Gegenstände	tavarat
Gemeindedirektor	kunnanjohtaja
Geschäft	kauppa
geschehen	tapahtua
Glück (Partitiv)	onnea
Glück	onni
Grillimbiss	Grilli
Grundstück	tontti
guck!	katso!
gucken	katsoa
gut (Part. Sing.)	hyvää
gut/guter/gutes	hyvä
gute (Nom. Pl.)	hyvät
Gutshof	kartano
Hafer	kaura
Haferbrei	kaurapuuro
Handy	kännykkä
Hefeteilchen	pulla
Heinrich	Heikki
Held/Heldin	sankari
Helden/Heldinnen	sankarit
Herr	Herra
hier	täällä
hören	kuulla
Hotel	hotelli
Hurra! Hoch! Heureka!	Eläköön!

ich bin	olen
immer	aina
ist es nicht ...	eikö olekin ...
Jäger	metsästäjä
jetzt	nyt
Kaffeestückchen	pulla
Kasten	laatikko
Kate	mökki
Kiefer (Baum)	mänty
kleine (Plural)	pienet
kleiner, kleine, kleines	pieni
kleines Haus	mökki
Knäckebrot aus Roggen-Sauerteig	hapankorppu
Kondom	kondomi
Kondome	kondomit
Konfitüre	hillo
korrekt	totta
Laden	kauppa
Laube	mökki
Leben	elävä
liebe (Nom. Pl.)	hyvät
MannoMann!	voi voi!
Markt	tori
Marktplatz	tori
Marmelade	hillo
Maus	hiiri
mein, meine, meines	minulla bzw. minun
Mittagessen	lounas
Morgen (Subst.)	huomenta
morgen	huomenna
Mundharmonika	huuliharppu
musiziert (er/sie/es)	soittaa
Nein, nicht, (e-i gesprochen!)	ei
nun	nyt

Oh Gott!	Herra Jestas!
Oh jemine!	Herra Jestas!
Ort in Savo nahe Varkaus	Joroinen
passieren	tapahtua
Pirogge aus Gerstenmehl	karjalanpiirakka
Polizei	poliisi
Post	posti
Reise (Part. Sg.)	matkaa
Reise	matka
Restaurant	ravintola
richtig	totta
Risiko	riski
Roggenbrot	ruisleippä
Ruhe! Ausruf)	hiljaa!
ruhig (Adjektiv)	hiljainen
ruhig (Adverb)	hiljaa
Sache	tavara
Sachen	tavarat
Saunawurst	Saunamakkara
schau!	katso!
schauen	katsoa
Schublade	laatikko
Schule	koulu
Schuppen (Gebäude)	liiteri
schwer (von Gewicht)	painava
sei	ole
Seife	suopa
sein (Infinitiv)	olla
sicher	varma
sicherlich	varmasti
er/sie (Sg.)	hän
sie sind (Pl.)	ovat
Smartphone	kännykkä
so,ja	niin

sogenannte Schädlinge	niin sanottuja tuholaisia
Sommer	kesä
Sommerhaus	kesämökki
Spinner	hullu
Steg	laituri
still (Adjektiv)	hiljainen
still (Adverb)	hiljaa
Tag	päivä
Teufel auch!	voi perkele!
Traktor	traktori
und	ja
verdammt schwer!	hiton painava!
verdammt!	perkele!
viel	paljon
vielen Dank	kiitos paljon
Wandteppich, spez. gewebt	raanu
wann	milloin
was	mitä
Welle	aalto
Wellen (Nom. Pural)	aallot
Wichtel	tonttu
wieder	taas
willkommen	tervetuloa
wir treffen uns	tapaamme
wo	missä
wunderbar	ihana
Wurst	makkara
Zentrum	keskus
Ziehharmonika	haitari
zuhören	kuultava (Part.Präs.Pas.)
zum Teufel!	voi perkele!

15 Finnisch-Deutsches Glossar

Finnisch	Deutsch
aallot	Wellen (Nom. Plural)
aalto	Welle
aamiainen	Frühstück
aina	immer
aitta	bäuerliches Nebengebäude
ei	Nein, nicht (e-i gesprochen!)
eikö olekin ...	ist es nicht ...
Eläköön!	Hurra! Hoch! Heureka!
elävä	Leben
Etkö sinä ole se ...	Bist du nicht der ...
etkö?	Bist du nicht?
Grilli	Grillimbiss
haitari	Akkordeon/Ziehharmonika
hän	er/sie
hapankorppu	Knäckebrot aus Roggen-Sauerteig
Heikki	Heinrich
hernekeitto	Erbsensuppe
Herra Jestas!	Oh Gott!, Oh jemine!
herra	Herr
hiiri	Maus
hiljainen	still, ruhig (Adjektiv)
hiljaa!	Ruhe! (Ausruf)
hiljaa	still, ruhig (Adverb)
hillo	Konfitüre, Marmelade
hiton painava!	verdammt schwer!
hotelli	Hotel
hullu	Spinner, Blödmann
huomenna	morgen
huomenta	Morgen

huuliharppu	Mundharmonika
hyvä	gut/gute/gutes
hyvää	gut (Part. Sing.)
hyvät	liebe, gute (Nom. Plural)
ihana	wunderbar
ja	und
joka	die/der/das (Relativpronomen)
Joroinen	Ortsname in Savo, nahe Varkaus
kännykkä	Handy, Smartphone
karhu	Bär/Bärin
karjalanpiirakka	Pirogge aus Gerstenmehl
kartano	Gutshof
katso!	schau!, guck!
katsoa	schauen, gucken
kauppa	Geschäft, Laden
kaura	Hafer
kaurapuuro	Haferbrei
kesä	Sommer
kesämökki	Sommerhaus
keskus	Zentrum
kiitos paljon	vielen Dank
kiitos	Danke
kirppu	Floh
kirpputori	Flohmarkt
kondomi	Kondom
kondomit	Kondome
koulu	Schule
kunnanjohtaja	Gemeindedirektor
kuulla	hören
kuultava (Part.Präs.Pas.)	zuhören
kysymys	Frage
laatikko	Kasten, Schublade

laituri	Steg, Bahnsteig
lapsenlapsi	Enkelkind
liiteri	Schuppen (Gebäude)
lounas	Mittagessen
makkara	Wurst
mansikka	Erdbeere
mänty	Kiefer (Baum)
matka	Reise
matkaa	Reise (Part. Sing.)
metsästäjä	Jäger
milloin	wann
minulla	mein, meine, meines
missä	wo
mitä	was
mökki	kleines Haus, Kate, Laube
moottoritie	Autobahn
niin sanottuja tuholaisia	sogenannte Schädlinge
niin	so, ja
noniin	verschied.Bedeutung, Füllwort
nyt	jetzt, nun
odottaa	(er/sie/es) wartet
ole	sei
olen	ich bin
olet	du bist
olit	du warst
olla	sein (Infinitiv)
on	er, sie, es ist
onnea	Glück (Partitiv)
onni	Glück
orava	Eichhörnchen (Singular)
oravat	Eichhörnchen (Plural)
ovat	sie sind (3.Pers.Pl.Präs.Akt.)

painava	schwer (von Gewicht)
päivä	Tag
paljon	viel
paras	beste, bester, bestes
perkele!	verdammt!
pienet	kleine (Plural)
pieni	kleiner, kleine, kleines
poliisi	Polizei
posti	Post
pulla	Hefeteilchen/Kaffeestück-
chen	
puuro	Brei
raanu	spez. handgewebter Wand-
teppich	
räsymatot	Flickenteppiche
räsymatto	Flickenteppich
ravintola	Restaurant
riski	Risiko
ruisleippä	Roggenbrot
Saksa	Deutschland
sankari	Held/Heldin
sankarit	Helden/Heldinnen
Saunamakkara	spezielle Saunawurst
se	es
sinä	du
sinulle	für dich/dir
soittaa	(er/sie/es) spielt (Musik)
suopa	Seife
täällä	hier
taas	wieder, erneut
tapaamme	wir treffen uns
tapahtua	passieren, geschehen
tavara	Sache, Gegenstand
tavarat	Sachen

teidän	euer
tervetuloa	willkommen
tontti	Grundstück
tonttu	Wichtel
tori	Markt, Marktplatz
tosi on!	das stimmt!
totta	richtig, korrekt
traktori	Traktor
työ	Arbeit
varma	sicher
varmasti	sicherlich
voi perkele!	zum Teufel!, Teufel auch!
voi, voi!	Ausruf, in etwa: MannoMann!
yhteenlasku	Addition
ystävä	Freund/Freundin
ystävät	Freunde/Freundinnen (Nom. Pl.)